# विचारों के ग्यारह अध्याय

# विचारों के ग्यारह अध्याय

**रबींद्रनाथ महतो**
अध्यक्ष विधानसभा, झारखंड

प्रभात प्रकाशन

प्रकाशक • **प्रभात प्रकाशन प्रा. लि.**
4/19 आसफ अली रोड,
नई दिल्ली–110002

संस्करण • प्रथम, 2022
मूल्य • दो सौ पचास रुपए
मुद्रक • आर–टेक ऑफसेट प्रिंटर्स, दिल्ली

**VICHARON KE GYARAHA ADHYAYA**
by Shri Rabindra Nath Mahto ₹ 250.00
Published by Prabhat Prakashan Pvt. Ltd., 4/19 Asaf Ali Road, New Delhi-2
e-mail: prabhatbooks@gmail.com ISBN 978-93-94534-01-8

झारखंड आंदोलन के
शहीदों को
समर्पित

पिताजी **श्री गोलक बिहारी महतो**

एवं

माताजी **स्व. रूपमंजरी देवी**

के आशीर्वाद और धर्मपत्नी

**श्रीमती शरमा देवी** के सहयोग से।

**शिबू सोरेन**
सांसद (राज्यसभा) सह
केंद्रीय अध्यक्ष,
झारखंड मुक्ति मोर्चा

आवास (नई दिल्ली)
01, मोतीलाल नेहरू
नई दिल्ली–110001
आवास (राँची)
मोरहाबादी, राँची–83
(झारखंड)
फोन/फैक्स : 0651–2542009
मोबाइल : 9431130389

पत्रांक................................ दिनांक 9/03/2022

# संदेश

मेरे लिए यह अत्यंत ही संतोष और हर्ष की बात है कि झारखंड विधानसभा के अध्यक्ष रबींद्रनाथ महतो जी द्वारा लिखित पुस्तक 'विचारों के ग्यारह अध्याय' की भूमिका लिखने का अवसर मुझे प्राप्त हुआ है। यह खुशी कुछ ऐसी खुशी है, जो उस माली को होती है, जब कड़ी मेहनत से तैयार किए गए बगीचे में उसके द्वारा लगाए गए फूल अपनी सुंदरता और खुशबू से लोगों का मन मोहने लगते हैं। महतो जी झारखंड आंदोलन के मजबूत सिपाहियों में से एक हैं और हम सबको अपने व्यवहार, कार्य–कुशलता और राज्यवासियों के हितों के प्रति अपने समर्पण–भाव से प्रभावित किया है। झारखंड विधानसभा के अध्यक्ष के रूप में भी श्री महतो जी का कार्य निष्पक्ष और सराहनीय है।

मुझे आशा है कि उनके द्वारा लिखित यह पुस्तक आप पाठकों के लिए अत्यंत उपयोगी होगी और आप इसका पूरा लाभ उठा सकेंगे।

जोहार,

(शिबू सोरेन)

**रमेश बैस**

सत्यमेव जयते

**राज भवन**
राँची-834001
झारखंड

राज्यपाल, झारखंड

# भूमिका

झारखंड विधानसभा अध्यक्ष श्री रबींद्रनाथ महतो जी को 'विचारों के ग्यारह अध्याय' की रचना हेतु असीम बधाई देता हूँ। उनकी यह तथ्यपरक पुस्तक झारखंड राज्य के विभिन्न विषयों पर आधारित है।

संताल-हूल आंदोलन स्वतंत्रता आंदोलन के महत्त्वपूर्ण जन-आंदोलनों में से एक है और इसे इतिहास की पुस्तकों में अपेक्षित स्थान प्राप्त नहीं हुआ। प्रसन्नता की बात है कि इस पुस्तक में इसका प्रमुखता से उल्लेख किया गया है। सर्वविदित है कि सन् 1855-56 का संताल-हूल आंदोलन 1857 के स्वतंत्रता आंदोलन की पूर्व घोषणा थी। संताल क्रांति न केवल स्थानीय मुद्दों के प्रति ब्रिटिश हुकूमत की उपेक्षा के कारण पनपे आक्रोश का परिणाम था, अपितु शोषण करनेवाले विदेशी सत्ता के प्रति विद्रोह भी था। यह स्वाभिमान एवं आत्मसम्मान की भी लड़ाई थी। अपने देश और समाज से स्नेह रखनेवाले सिद्धो-कान्हू, चाँद-भैरव और फूलो-झानो ने इस विद्रोह में अपना सर्वस्व न्योछावर कर दिया। इन वीरों ने स्वतंत्रता व आत्मसम्मान के लिए अंग्रेजों से संघर्ष किया। यह आंदोलन नारी-शक्ति को भी प्रभावी रूप से प्रदर्शित करता है।

राष्ट्रपिता महात्मा गांधी के विचारों पर लिखा गया आलेख हम सभी को अपने जीवन में बापू के सत्य, अहिंसा और नैतिक मूल्यों को अपनाने की प्रेरणा देते हैं। कृषि, शिक्षा, खेल एवं पर्यावरण संरक्षण की दिशा में भी

श्री महतो जी द्वारा अपने विचारों को अभिव्यक्त करने का बेहतर प्रयास किया गया है।

आशा है कि जनहित में हमारे नीति–निर्माताओं द्वारा इस पुस्तक में वर्णित नीतिगत विषयों का अध्ययन किया जाएगा। मैं इस पुस्तक के लोकोपयोगी होने की कामना करता हूँ।

**( रमेश बैस )**

# अनुक्रम

## सदन में दिए गए वक्तव्य

# मेरी बात

30 वर्षों के राजनीतिक जीवन में अनेक उतार-चढ़ाव और लोगों के बीच रहकर, लोगों एवं परिस्थितियों से बहुत-कुछ सीखने को मिला। राज्य गठन के 21 वर्षों और राज्य गठन से पूर्व तत्कालीन बिहार राज्य के राजनीतिक, सामाजिक और आर्थिक परिदृश्य पर घटनाओं एवं व्यक्तिगत अनुभव के माध्यम से जो विचार, मन और मस्तिष्क में संचित हुए, उन्हें समय-समय पर लेखों एवं वक्तव्यों के माध्यम से मेरे द्वारा अलग-अलग माध्यमों में व्यक्त किया गया। विचारों के दस अध्याय अलग-अलग विषयों पर मेरे द्वारा व्यक्त इन विचारों का संकलन इस पुस्तक में किया गया है। इस पुस्तक का पहला निबंध 'संथाल हूल' के विषय में है। यह आंदोलन अंग्रेजी शासन के विरुद्ध सबसे पहला जनआंदोलन था। अपनी व्यापकता और स्वरूप के कारण यह निश्चय ही 1857 के स्वतंत्रता आंदोलन के लिए प्रेरणा का स्रोत था और इतिहास में ऐसे अनेक प्रमाण मिलते हैं, जिनपर शोध किए जाने से दोनों आंदोलनों के मध्य एक स्पष्ट तारतम्य पाया जा सकता है। महात्मा गांधी की न्यायसिता अथवा Trusteeship के सिद्धांत की बात वर्तमान परिप्रेक्ष्य में अत्यंत ही प्रासंगिक है और इस पूँजीवादी युग को सही दिशा देने में सक्षम है।

खेत-खलिहानों से विकास की राह के माध्यम से यह बात रखने का प्रयास किया गया है कि खान-खनिजोंवाला प्रदेश होने के बावजूद, कृषि राज्य के 70 प्रतिशत लोगों के जीविकोपार्जन का साधन है। कृषि की दिशा में सार्थक और मजबूत कदम उठाए जाने से न केवल इस क्षेत्र में, राज्य में आत्मनिर्भरता आएगी, बल्कि करोड़ों लोगों की क्रय क्षमता में बढ़ोतरी

लाकर राज्य के विकास को समावेशी बनाया जा सकेगा। शिक्षा की दिशा में आमूल-चूल परिवर्तन लाकर हम अपने युवा राज्य के विकास की नई कहानी लिख सकते हैं। शिक्षा के क्षेत्र में गुणात्मक निवेश किए जाने से हम उन उद्देश्यों के और अधिक करीब पहुँच पाएँगे, जिस कारण हम पूर्ववर्ती बिहार से अलग हुए थे। Judicial Review in India : Need for a Balanced Approach यह आलेख न्यायपालिका एवं शासन के दो अन्य अंगों विधायिका और कार्यपालिका के मध्य सामंजस्य के विषय में मेरे विचारों को प्रकट करता है। मरंग गोमके, जयपाल सिंह मुंडा से लेकर महेंद्र सिंह धोनी, दीपिका कुमारी और सलीमा टेटे तक खेल के क्षेत्र में हमारे राज्य ने पूरे देश को गौरवान्वित करनेवाले खिलाड़ी हमें दिए हैं। खेल की दिशा में बेहतर कार्य करने की अपार संभावनाएँ मौजूद हैं और इस दिशा में कार्य कर हम राष्ट्रीय और अंतरराष्ट्रीय परिदृश्य पर अपनी मजबूत उपस्थिति प्रस्तुत कर सकते हैं।

कोरोना महामारी वर्ष 2020-21 में घटित होनेवाली ऐसी ऐतिहासिक घटना है, जिसका प्रभाव लंबे समय तक मानव-जीवन पर परिलक्षित होता रहेगा। 20वीं सदी के पूर्वार्ध और 21वीं सदी के उत्तरार्ध में, जिस वैश्विक गाँव या Global Village की परिकल्पना हमने की थी, उस परिकल्पना को इस घटना ने बड़ी मजबूती से प्रभावित किया है। शासन और समाज दोनों को कदम-से-कदम मिलाकर चलना होगा, तभी इस कठिन समस्या का दूरगामी समाधान संभव हो सकेगा। छोटे राज्यों के गठन की आवश्यकता एवं औचित्य के माध्यम से मैंने राज्यों के पुनर्गठन के विषय में अपने विचार प्रस्तुत करने की कोशिश की है। इस पुस्तक का अंतिम आलेख पाठकों को पुन: संथाल हूल की तरफ लेकर जाएगा, जिसमें मैंने इस घटना के ऐतिहासिक परिप्रेक्ष्य को एक नए परिदृश्य में प्रस्तुत करने की कोशिश की है।

कर्तव्य और स्वभाव से मैं शब्दों से ज्यादा कर्म से जुड़ा व्यक्ति हूँ। अपनी व्यस्त जीवन-शैली में विचारों की अभिव्यक्ति का यह कार्य संभव नहीं हो पाता, अगर मेरे परिवार एवं मेरे कर्मियों का सहयोग प्राप्त नहीं हो पाता। विशेषकर, मेरे विशेष कार्य पदाधिकारी, श्री अतुल कुमार, (झा.प्र.से.) एवं गुलाम सरफराज, जनसंपर्क अधिकारी, झा.वि.स. का मैं धन्यवाद व्यक्त करता हूँ।

1

# हूल : भारत का प्रथम जन-आंदोलन

हूल दामिन-ए-कोह से निकली हुई नगाड़ों की गूँज थी। उत्पीड़न और शोषण के विरुद्ध संथाल आदिवासी द्वारा संग्राम का आह्वान था। 400 से अधिक गाँवों के प्रतिनिधियों ने वीर सिद्धू कान्हो के नेतृत्व में भोगनाडीह गाँव में 30 जून, 1855 को संगठित होकर अंग्रेजी हुकूमत और स्थानीय शासन के खिलाफ एक सुर में बिगुल फूँका था। स्वतंत्रता के इतिहास में यह विद्रोह 'संथाल विद्रोह' के नाम से जाना गया, जिसका विस्तार भागलपुर से राजमहल की पहाड़ी तक हुआ, यह क्षेत्र 'दामिन-ए-कोह' के नाम से भी जाना जाता है।

अंग्रेजी हुकूमत के द्वारा लागू की गई स्थायी बंदोबस्ती उस दौर में राजस्व व्यवस्था का एक ऐसा तरीका बन गया, जिसने नव-जमींदारों, साहूकारों और गुमस्ता की फौज तैयार कर दी, जो गिद्ध और लोमड़ियों की तरह मानभूम, हजारीबाग, बाकुड़ा, सिंहभूम आदि में वास करनेवाले सीधे-सादे संथाल आदिवासियों पर लूझ पड़े थे। बढ़े हुए ब्याज को अदा नहीं किए जाने पर आदिवासियों से बेगारी कराई जाती थी। उनकी जमीनों को नीलाम करा दिया जाता था। मवेशियों को छीन लिया जाता था। विभिन्न प्रकार की आर्थिक और शारीरिक यातनाएँ दी जाती थीं। उनके समक्ष पलायन के सिवा कोई रास्ता नहीं बचा। वे धीरे-धीरे राजमहल की पहाड़ियों में शरण लेने लगे। यहाँ के जंगलों को साफ कर खेती योग्य बनाया। कृषि और वन संपदाओं के सहारे यहाँ वो अपना जीवनयापन करने लगे, परंतु सरकार ने जब दामिन-

ए-कोह में भी लगान वसूली आरंभ कर दी तो संथाल आदिवासी अपना आपा खो बैठे, आवागमन की विषम अवस्था और जनसंपर्क के एकमात्र साधन के रूप में नगाड़े की हुंकार से ही गाँव-के-गाँव गोलबंद होने शुरू हो गए। वे इतने उद्वेलित हो उठे कि जंगलों से भरा यह इलाका धू-धू कर जल उठा था। अंग्रेजी सत्ता को आग की लपटों से थामने के लिए पूर्णिया और कलकत्ता से सेना की टुकड़ियाँ बुलानी पड़ गईं। पहले उनका क्रोध जमींदारों, महाजनों और पुलिस दरोगा पर ही था, परंतु जब उन्हें यह समझ आया कि स्थानीय व्यवस्था अंग्रेजी नीतियों की ही उपज है तो सरकार के प्रति उनका क्रोध प्रकट हुआ। भागलपुर से राजमहल के बीच रेल, डाक और तार की सेवा भंग कर दी गई। इन इलाकों में स्थापित हो रही रेलवे स्टेशन, थाना तथा डाक बाँटनेवाली गाड़ियों को जला दिया गया। विद्रोहियों ने साहूकारों, जमींदारों के मकानों पर भी हमले बोले। अंग्रेजी शासन की समाप्ति की घोषणा कर दी गई और अपना स्वतंत्र शासन स्थापित करने की एक जोरदार पहल की गई।

***सिद्धू और कान्हो ने आदिवासियों को संबोधित करते हुए कहा कि ठाकुरजी भगवान् ने हमें आदेश देते हुए कहा कि 'यह देश साहेब का नहीं। आजादी के लिए अब हथियार उठा लो।' आदिवासियों द्वारा गाँवों में जुलूस निकाले गए। ढोल और नगाड़े बजाते हुए पुरुष और महिलाओं को संघर्ष के लिए उत्तेजित किया गया।***

सिद्धू और कान्हो ने आदिवासियों को संबोधित करते हुए कहा कि ठाकुरजी भगवान् ने हमें आदेश देते हुए कहा कि 'यह देश साहेब का नहीं। आजादी के लिए अब हथियार उठा लो।' आदिवासियों द्वारा गाँवों में जुलूस निकाले गए। ढोल और नगाड़े बजाते हुए पुरुष और महिलाओं को संघर्ष के लिए उत्तेजित किया गया। बहुत जल्दी ही लगभग 60 हजार तीर-धनुष से लैस संथाल आदिवासियों को इकट्ठा कर लिया गया और इससे भी अधिक आदिवासियों को विद्रोह के लिए तैयार रहने के लिए कहा गया। पूर्णिया

और कलकत्ता से आए मेजर बरो के अधीन सेना की 10 टुकड़ियों के खिलाफ तीर-धनुष द्वारा युद्ध के सहारे वीरतापूर्वक मुकाबला किया गया। अंग्रेजी शासन के द्वारा मार्शल लॉ तक लागू कर देना पड़ा। यह विद्रोह कितना संगठित था, इस बात से अंदाजा लगाया जा सकता है कि विद्रोही नेताओं को पकड़वाने के लिए 10 हजार का इनाम घोषित किया गया। निरंकुशता, अत्याचार के साथ विद्रोह को हरसंभव कुचलने का प्रयास किया जाने लगा। संथाल आदिवासियों ने असहनीय यातना को सहते हुए अदम्य साहस के साथ वीरतापूर्वक अंग्रेजी सेना से मुकाबला किया। जिसमें पंद्रह हजार से भी अधिक की संख्या में क्रांतिकारी शहीद हुए। राजमहल की पहाड़ियाँ संथालों के खून से लाल हो गईं, फिर भी विद्रोहियों ने हथियार नहीं डाले और 'अबुआ देशम अबुआ राज' का नारा इस इलाके में गूँजता रहा।

1857 के विद्रोह से महज दो साल पूर्व शुरू हुए ये विद्रोह कोई मामूली विक्षोभ नहीं थे, जहाँ इस विद्रोह ने स्थानीय बिचौलियों का नाश कर दिया, वहीं डीक शासन व्यवस्था को हिलाकर रख दिया था। अंग्रेजी सेना को निहत्थे चुनौती देनेवाले संथाल आदिवासियों की इस स्वर्णिम गाथा को भले ही स्वतंत्रता के इतिहास में बहुत कम जगह मिल पाई हो, परंतु इस विद्रोह से मिली हुई प्रेरणा अद्वितीय थी, जिसने स्वतंत्रता आंदोलनों के साथ-साथ वर्तमान झारखंड के निर्माण में हुए आंदोलनों के आंदोलनकारियों को भी सींचा है। वास्तव में संथाल विद्रोह उपनिवेशवादी ब्रितानी शासकों द्वारा स्थापित बाजार अर्थव्यवस्था से

***अंग्रेजी सेना को निहत्थे चुनौती देनेवाले संथाल आदिवासियों की इस स्वर्णिम गाथा को भले ही स्वतंत्रता के इतिहास में बहुत कम जगह मिल पाई हो, परंतु इस विद्रोह से मिली हुई प्रेरणा अद्वितीय थी, जिसने स्वतंत्रता आंदोलनों के साथ-साथ वर्तमान झारखंड के निर्माण में हुए आंदोलनों के आंदोलनकारियों को भी सींचा है।***

सीधे-सादे आदिवासियों के टकराव के कारण उपजा एक विशाल विद्रोह था। यूरोपीय देशों में जिस घटनाक्रम को घटित होने में सदियों का समय लगा, संथाल, ब्रिटिश उपनिवेशवाद के प्रभाव के कारण उस घटनाक्रम को मात्र 50 वर्षों की सीमित अवधि में झेलने को विवश थे।

प्रसिद्ध विद्वान् एल.के. महापात्रा ने सामाजिक आंदोलनों को परिभाषित करते हुए लिखा है कि सामाजिक आंदोलन समाज के एक बड़े समूह द्वारा सामाजिक एवं सांस्कृतिक व्यवस्था को परिवर्तित, पुनर्गठित, पुर्नव्याख्यापित, पुर्नस्थापित, सुरक्षित, अनुपूरित एवं निर्मित करने की दिशा में किया गया सामूहिक प्रयास अथवा जीवन के बेहतर अवसरों को प्राप्त करने के उद्देश्य से शक्ति के नियंत्रण के पुनर्विभाजन की दिशा में किया गया प्रयास है। स्थापित सामाजिक संरचना के प्रति अपने उन्मुखीकरण के आधार पर यह आंदोलन प्रतिक्रियावादी, अपरिवर्तनवादी, प्रत्यावर्ती अथवा क्रांतिकारी हो सकता है।

***कैमरून के अनुसार जब एक सामाजिक आंदोलन अपने स्वर्णिम अतीत को स्थापित करना चाहता है तो वह एक प्रतिक्रियावादी आंदोलन है, जबकि लिंकन इसे पुनरुत्थानवादी बताते हैं। स्टीफन फुक्स, लिंकन के इस मत से सहमत हैं। संथाल हुल में सामाजिक आंदोलन के यह सारे गुण परिलक्षित होते थे।***

कैमरून के अनुसार जब एक सामाजिक आंदोलन अपने स्वर्णिम अतीत को स्थापित करना चाहता है तो वह एक प्रतिक्रियावादी आंदोलन है, जबकि लिंकन इसे पुनरुत्थानवादी बताते हैं। स्टीफन फुक्स, लिंकन के इस मत से सहमत हैं। संथाल हुल में सामाजिक आंदोलन के यह सारे गुण परिलक्षित होते थे। सिद्धू और कान्हो ने जिस प्रकार संथालों के बीच अपने स्वर्णिम इतिहास की जागरूकता जगाई, वह पूरे स्वाधीनता संग्राम के नायकों के लिए एक अविस्मरणीय सबक के रूप में मौजूद रहा। इस क्रांति के नायकों ने जनता को संगठित करने के लिए उन सभी तरीकों का इस्तेमाल किया, जिन्हें बाद

के वर्षों में सफलतापूर्वक क्रांतिकारियों द्वारा प्रयोग में लाया गया। उदाहरण के लिए उन्होंने श्वेत वस्त्र धारण कर अपने आप को संथालों के मध्य उनके नायक के रूप में स्थापित किया। जनमानस को आकर्षित करने के लिए कान्हो के द्वारा दुर्गा पूजा पूरे धूमधाम से मनाई गई। आंदोलन की चिनगारी को फैलाने के लिए उनके द्वारा जिन माध्यमों का प्रयोग किया गया, बाद के वर्षों में वे अत्यंत ही उपयोगी साबित हुए, हालाँकि इस विद्रोह का दमन अत्यंत ही क्रूरता के साथ किया गया। बंगाल के तत्कालीन लेफ्टिनेंट गवर्नर द्वारा महाधिवक्ता की यह राय मान ली गई कि ऐसा कोई विशिष्ट कारण अवस्थित नहीं है कि सन् 1855 के बाद किसी सामान्य कानून को संथाल परगना क्षेत्र में लागू नहीं किया जाए। इस कारण आंदोलन के बाद संथालों को बढ़े हुए दर पर लगान का भुगतान करना पड़ा। बहुत सारे ग्रामीण प्रधानों को अपने पद से पदच्युत किया गया और बहुत सी बेलगान जमीन जमींदारों द्वारा छीन ली गई। वर्ष 1886 में उपायुक्त, संथाल परगना के न्यायालय द्वारा दासु माँझी के मामले में किया गया निर्णय इस शोषण और दमन की एक दुःखद कहानी प्रस्तुत करता है। दासु माँझी एक ग्राम प्रधान थे। उनके दादा ने एक जमींदारी स्थापित की थी, जिसकी यह प्रथा थी कि 6 साल का पट्टा हरेक बार 20 रुपए लगान बढ़ाकर लिया जा सकता था। बंदोबस्ती के पाँच वर्ष पूर्व दासु ने अपने पिता से प्रधानी प्राप्त की। एक साल की अवधि पूरी होने से पूर्व ही उनका लगान 535 रुपए बढ़ा दिया गया और जमींदार ने अपनी भूमि इजारदार को दे दी। बंदोबस्ती के 8 साल बाद दासु पर लगान के लिए मुकदमा चलाया गया। मुकदमा 129 का रुपए था। दासु ने समय की माँग की। अदालत ने उनकी माँग खारिज कर दी। उनकी निज जोत की जमीन 100 रुपए में बेच दी गई, जो राजस्ववाद में

> ***आंदोलन की चिनगारी को फैलाने के लिए उनके द्वारा जिन माध्यमों का प्रयोग किया गया, बाद के वर्षों में वे अत्यंत ही उपयोगी साबित हुए, हालाँकि इस विद्रोह का दमन अत्यंत ही क्रूरता के साथ किया गया।***

किए गए दावे से 29 रुपए कम थी। दासु के निज जोत की जमीन एक उत्तर भारतीय भगत को बेच दी गई। भगत ने जमीन खरीद ली और इस प्रकार एक पूरे संथाली ग्राम समाज का नियंत्रण परिवर्तित हो गया। राजस्ववाद के बाकी बचे पैसे को चुकाने के लिए दासु ने अपना पद एक हलवाई के हाथों बेच दिया और दासु अपने ही रैयतों के किराये के श्रमिक हो गए। संथाल परगना में अनेक ऐसी कहानियाँ आज हुल दिवस पर अपने लिए न्याय माँगती हैं। यहाँ की जनता के विरुद्ध अंग्रेजी हुकूमत द्वारा जो अन्याय किया गया, उसका हिसाब यहाँ के लोग आज तक चुका रहे हैं। बाजार अर्थव्यवस्था में जहाँ श्रम अर्थव्यवस्था में मात्र एक उत्पादन का कारक रह जाता है, ऐसे समय में कल्याणकारी राज्य की यह जिम्मेदारी हो जाती है कि पीछे छूट रहे सामाजिक समूहों के प्रति सदियों से हुए अन्याय का समाधान किया जाए।

आइए, इस हुल दिवस पर संथाल परगना में अंतिम पंक्ति पर खड़े हर इनसान के कल्याण का संकल्प लें और हमारे पूर्वजों ने अपने लहू से जिस भूमि को सींचा है, उस भूमि पर विकास की फसल लहलहाने में सरकार का सहयोग करें।

□

# 2

# गांधी की न्यासिता : विश्व के पुनर्निर्माण की नई राह

महान् लोगों की जयंतियाँ समाज और राष्ट्र के लिए मील के पत्थर के समान होती हैं। ये मील के पत्थर हमें उन महापुरुषों की याद तो दिलाते ही हैं, ये समाज, राष्ट्र एवं देशवासियों के लिए एक आत्म अवलोकन का अवसर भी होती हैं कि जिन महापुरुषों को हम अपने नायकों के रूप में पूजते हैं, उनके विचारों और उनके दिखाए हुए रास्तों पर चलने के लिए हम किस प्रकार प्रयासरत हैं। महात्मा गांधी न केवल आधुनिक भारत के राष्ट्र निर्माता थे, बल्कि एक ऐसे युगपुरुष थे, जिनके विचारों से मानव जीवन का कोई भी पक्ष अनछुआ नहीं रहा है। महात्मा गांधी के विचार एवं दर्शन इतने बहुआयामी हैं कि एक छोटे से लेख के माध्यम से उसकी चर्चा की जानी संभव नहीं है, अत: मैंने अपने आलेख के माध्यम से आज गांधीजी के ट्रस्टीशिप अथवा न्यासिता पर चर्चा करने का प्रयास किया है।

गांधीजी ने बेंथम के उपयोगितावाद एवं जॉन रस्किन के विचारों को समावेशित कर इस सिद्धांत को प्रतिपादित किया। यद्यपि गांधीजी इशोपनिषद् के प्रथम श्लोक को इसका आधार मानते थे, जिसका अर्थ है—'इस जगत् में जो कुछ भी जीवन है, वह ईश्वर का बसाया हुआ है। इसलिए ईश्वर के नाम से त्याग करके तू यथा प्राप्त भोग किया कर। किसी के धन की वासना न कर।' उनके अनुसार जो व्यक्ति अपनी आवश्यकताओं से अधिक संपत्ति

एकत्र करता है, उसे केवल अपनी आवश्यकताओं की पूर्ति करके पर्याप्त संपत्ति का उपयोग करने का अधिकार है, शेष संपत्ति का प्रबंध उसे एक ट्रस्टी अथवा न्यासी की तरह समाज की धरोहर समझकर समाज कल्याण के लिए करना चाहिए।

औद्योगिक क्रांति और उसके बाद यूरोपीय जागरण से मानव अस्तित्व के तमाम स्तरों में आमूल चूल परिवर्तन हुए। जीवन के सभी पक्षों के बारे में मनुष्य को दिशा-निर्देश देनेवाली पारंपरिक विश्व दृष्टि का स्थान तथाकथित वैज्ञानिक दृष्टि ने ले लिया। उदाहरण के लिए पारंपरिक या पुनर्जागरण पूर्व की विश्व दृष्टि में, जिसे अध्यात्मवादी विश्व दृष्टि भी कहा जाता है, यह माना जाता है कि जीवन का एक भावातीत आयाम है और मानव अस्तित्व के पीछे एक दैवीय व्यवस्था भी काम कर रही है। इसमें धरती को एक जीवधारी की तरह माना जाता था और मानव जीवन को इसी समझ के आधार पर नियोजित किया जाता था। ऐसा करते हुए प्रकृति के प्रत्येक पक्ष का सम्मान करने के साथ-साथ उसकी आराधना भी की जाती थी और उसके नियमों के साथ पूरे तालमेल से रहने का प्रयास किया जाता था, लेकिन जब भौतिक विज्ञानों ने मनुष्य को प्रकृति के नियमों को, और सटीक तरीके से समझने में सक्षम बना दिया तो उसके दृष्टिकोण में नाटकीय बदलाव आ गए। अपने इस नवीन अर्जित ज्ञान के भंडार के दंभ में मनुष्य ने प्रकृति के बारे में उपयोगितावादी दृष्टिकोण अपना लिया और 'धरती माता' को उनके पवित्र आसन से उतार दिया। धरती को महज एक विशाल मशीन और मनुष्य के उपभोग के भौतिक संसाधनों का भंडार माना जाने लगा। मनुष्य ने विज्ञान और टेक्नोलॉजी का सहारा लेकर प्रकृति पर हावी होकर उसे नियंत्रित

*औद्योगिक क्रांति और उसके बाद यूरोपीय जागरण से मानव अस्तित्व के तमाम स्तरों में आमूल चूल परिवर्तन हुए। जीवन के सभी पक्षों के बारे में मनुष्य को दिशा-निर्देश देनेवाली पारंपरिक विश्व दृष्टि का स्थान तथाकथित वैज्ञानिक दृष्टि ने ले लिया।*

करने का प्रयास शुरू कर दिया। जीवन के मतलब और मकसद को नए सिरे से परिभाषित किया गया और भौतिक खुशहाली और इंद्रीक सुख प्राप्त करने को मानव अस्तित्व के चरम उद्देश्य का दर्जा दिया गया। एक खास तरह का भौतिकवाद उभरकर सामने आया, जिसने धर्म और आध्यात्मिकता का स्थान ले लिया। ज्ञान, जिसे परंपरागत रूप से जीवन का एक सहायक माध्यम माना जाता था, अब ताकत और आधिपत्य स्थापित करने का हथियार बन गया। फ्रांसिस बेकन का यह कथन कि 'ज्ञान ही शक्ति है,' मनुष्य के इसी दंभ को परिलक्षित करता है।

20वीं शदी के उत्तरार्ध में एडवर्ड कॉरपेटर, लियो टॉलस्टॉय जैसे बुद्धिजीवियों ने, जिन्हें अकसर 'दूसरे पश्चिम' का प्रतिपादक माना जाता है, ने इस नई सभ्यता की कड़ी आलोचना की। गांधीजी इन विचारों से अपने विद्यार्थी जीवन से ही प्रभावित रहे एवं कालांतर में उन्होंने जो विश्व दृष्टि विकसित की, उसे अपनी पहली पुस्तक 'हिंद स्वराज' या 'इंडियन होमरूल' में प्रतिपादित किया। इस पुस्तक में गांधीजी ने पाश्चात्य सभ्यता की कड़ी आलोचना की एवं हिंसा को इसकी बीमारी का मूल कारण माना। गांधीजी को इस बात का पूरा विश्वास था कि उपभोक्तावाद और हिंसा पर आधारित वर्तमान विश्व व्यवस्था मानव सभ्यता को विनाश की ओर ले जाएगा, अतः इस विश्व को चिर स्थायित्व प्रदान करने के लिए अहिंसा, न्याय और शांति के सिद्धांतों पर आधारित एक वैकल्पिक व्यवस्था का निर्माण करना पड़ेगा। न्यासिता अथवा ट्रस्टिशिप के सिद्धांत को स्पष्ट

*20वीं शदी के उत्तरार्ध में एडवर्ड कॉरपेटर, लियो टॉलस्टॉय जैसे बुद्धिजीवियों ने, जिन्हें अकसर 'दूसरे पश्चिम' का प्रतिपादक माना जाता है, ने इस नई सभ्यता की कड़ी आलोचना की। गांधीजी इन विचारों से अपने विद्यार्थी जीवन से ही प्रभावित रहे एवं कालांतर में उन्होंने जो विश्व दृष्टि विकसित की, उसे अपनी पहली पुस्तक 'हिंद स्वराज' या 'इंडियन होमरूल' में प्रतिपादित किया।*

करते हुए गांधीजी ने कहा था कि सामान्यतः यह मान्यता है कि व्यवहार अथवा व्यापार और परमार्थ अथवा धर्म—ये दो परस्पर भिन्न और विरोधी वस्तुएँ हैं, व्यापार में धर्म का अनुसरण करना पागलपन है, ऐसा करने से दोनों बिगड़ते हैं। यह मान्यता अगर झूठी न हो तो कहना होगा कि हमारे भाग्य में केवल निराशा ही लिखी हुई है। ऐसी एक भी वस्तु नहीं है, ऐसा एक भी व्यवहार नहीं है, जिससे हम धर्म को दूर रख सकें। ट्रस्टिशिप बुनियादी तौर पर अहिंसा के विचार पर आधारित है। अहिंसा की स्वाभाविक परिणति सत्याग्रह है।

गांधीजी से बार-बार यह सवाल पूछा गया कि ट्रस्टिशिप को कैसे हासिल किया जाए? इस पर गांधीजी का कहना था कि समझा-बुझाकर और असहयोग के जरिए ट्रस्टिशिप को लाया जा सकता है। उनसे यह भी पूछा गया कि अगर ट्रस्टी, ट्रस्टी की तरह व्यवहार करने में असफल रहता है तो ऐसे में क्या राज्य का हस्तक्षेप करना उचित होगा तो गांधीजी ने इसका उत्तर सकारात्मक दिया और राज्य द्वारा इस प्रयोजनार्थ न्यूनतम हिंसा का प्रयोग उचित ठहराया। इस बात की सावधानी निश्चित रूप से रखी जानी आवश्यक है कि राज्य का स्वरूप अगर दमनकारी हो तो राज्य का हस्तक्षेप इस मॉडल को 'राजकीय पूँजीवाद' की ओर ले जाएगा।

***गांधीजी से बार-बार यह सवाल पूछा गया कि ट्रस्टिशिप को कैसे हासिल किया जाए? इस पर गांधीजी का कहना था कि समझा-बुझाकर और असहयोग के जरिए ट्रस्टिशिप को लाया जा सकता है।***

महात्मा गांधी के ट्रस्टिशिप के सिद्धांत का उपयोग आचार्य विनोबा भावे ने आजादी के तुरंत बाद भू-दान आंदोलन के रूप में दिया, जो कि काफी हद तक सफल भी रहा।

स्वयं गांधीजी ने इसका उपयोग 1918 में अहमदाबाद की कपड़ा मिलों के मिल मालिकों एवं मजदूरों के बीच हुए विवाद के समाधान के लिए किया। महात्मा गांधी की ट्रस्टिशिप की यह विचारधारा अक्तूबर 1925 में

उनकी पत्रिका 'यंग इंडिया' में उनके द्वारा प्रकाशित 'सात पापों की सूची' से और अधिक स्पष्ट और व्यापक हो जाती है। गांधीजी ने मानव जीवन को जिन पापों से बचाने का मार्ग सुझाया था, वह हैं—1. बिना मेहनत संपत्ति, 2. बिना अंतरात्मा के सुख, 3. बिना विचारधारा के ज्ञान, 4. बिना नैतिकता के व्यापार, 5. बिना मानवता के विज्ञान, 6. बिना त्याग के पूजा और 7. बिना सिद्धांत के राजनीति।

महात्मा गांधी की यह विश्व दृष्टि माननीय उच्चतम न्यायालय के पर्यावरण संबंधी विभिन्न न्याय निर्णयों में 'सार्वजनिक न्यास के सिद्धांतों' द्वारा प्रतिपादित की गई है। जिसके माध्यम से माननीय सर्वोच्च न्यायालय ने यह स्पष्ट किया है कि पूँजीपतियों द्वारा जिन प्राकृतिक संसाधनों का उपयोग विनिर्माण के कार्यों में किया जाता है, उनके वास्तविक मूल्यों की गणना प्रकृति पर पड़नेवाले दुष्प्रभावों को ध्यान में रखकर की जानी चाहिए। उदाहरण के तौर पर पेड़ को काटने के बाद उसके लकड़ी के मूल्य के आधार पर ही पेड़ के कटने के प्रभाव का मूल्यांकन उचित नहीं है। उसका पारिस्थितिकी और पर्यावरण पर जो प्रभाव पड़ रहा है, इसकी गणना भी की जानी आवश्यक है।

> ***महात्मा गांधी की यह विश्व दृष्टि माननीय उच्चतम न्यायालय के पर्यावरण संबंधी विभिन्न न्याय निर्णयों में 'सार्वजनिक न्यास के सिद्धांतों' द्वारा प्रतिपादित की गई है।*** **उनके वास्तविक मूल्यों की गणना प्रकृति पर पड़नेवाले दुष्प्रभावों को ध्यान में रखकर की जानी चाहिए।**

वर्तमान में गांधीजी के ट्रस्टिशिप के सिद्धांत का उपयोग कई बार क्रोनी कैपिटलिज्म अथवा याराना पूँजीवाद को उचित ठहराने के लिए किया जाता है और गांधीजी के इस सारगर्भित सिद्धांत को कॉरपोरेट सोशल रिस्पॉन्सिबिलिटी से जोड़कर देखने का प्रयास किया जाता है। नव पारंपरिक पूँजीवाद के इन प्रयासों से सावधान रहने की आवश्यकता है। गांधीजी के ट्रस्टिशिप का सिद्धांत

मात्र दया और करुणा पर आधारित नहीं था, बल्कि यह मार्क्स के वर्ग संघर्ष के सिद्धांत के स्थान पर स्वामी विवेकानंद के सहयोगात्मक समाजवाद की स्थापना का प्रयास था। आज इस कोरोनाकाल में जब एक महामारी ने विज्ञान और तकनीक के इस युग में भी मानव के अस्तित्व को एक कड़ी चुनौती पेश की है, ऐसे में सह-अस्तित्व, शांति और भाईचारे से परिपूर्ण महात्मा गांधी के ट्रस्टिशिप का सिद्धांत हमें नई राह दिखाता है।

□

3

# खेत-खलिहानों से विकास की राह

एक लोक कल्याणकारी सरकार की नीतियों का मूल आधार संरचना निर्माण नहीं, बल्कि 'व्यक्ति विकास' होना चाहिए। हमारे राज्य की 70 प्रतिशत आबादी अपने जीवनयापन के लिए कृषि पर आधारित है, ऐसे में व्यक्ति विकास आधारित नीति में कृषि के समुचित विकास की दिशा में कार्य किया जाना नितांत आवश्यक है। कोरोना महामारी के कठिन दौर में जब खरीफ फसल का प्रथम अनुमान आया तो यह निश्चय ही उत्साहवर्धक था। कृषि विभाग के प्रथम अनुमान के मुताबिक लगभग 70 लाख टन धान के उत्पादन होने की इस वर्ष उम्मीद है। इस वर्ष खरीफ फसल में करीब 17.50 लाख हेक्टेयर से अधिक धान लगाया गया था, जो कि राज्य गठन के बाद अब तक की सबसे ज्यादा क्षेत्र में की गई खरीफ की खेती है।

परंतु राज्य में कृषि के समुचित विकास की राह लंबी है और इसे सफलतापूर्वक तय करने के लिए पूरी तैयारी की आवश्यकता है। झारखंड में खेती योग्य कुल भूमि 38 (अड़तीस) लाख हेक्टेयर है, जबकि 25.6 लाख हेक्टेयर पर वास्तव में खेती होती है और मात्र 12 प्रतिशत खेती की गई भूमि पर सिंचाई की सुविधा है। कृषि योग्य भूमि राज्य के कुल क्षेत्रफल का 52 प्रतिशत है, जो राष्ट्रीय औसत 55 प्रतिशत के निकट है, परंतु इसका मात्र 43 प्रतिशत क्षेत्र वास्तविक खेती के अंतर्गत है, जो कि राष्ट्रीय औसत 76 प्रतिशत से काफी कम है। इस प्रकार कृषि की दिशा में समुचित विकास

के लिए पहली चुनौती खेती के क्षेत्र को बढ़ाना है और यह तभी संभव हो पाएगा, जब सिंचाई की व्यवस्था सुलभ हो।

इस संबंध में मैंने सरकार द्वारा सदन में प्रस्तुत किए नीतिगत दस्तावेजों पर नजर डाली। मैंने पाया कि सिंचाई के क्षेत्र में राज्य सरकार द्वारा देवघर जिले की पुनासी जलाशय योजना को वर्ष 2021–22 में पूर्ण करने का लक्ष्य निर्धारित किया गया है। साहेबगंज जिला अंतर्गत गुमानी बराज परियोजना द्वारा अगले वर्ष सिंचाई प्रारंभ करने का लक्ष्य निर्धारित किया गया है।

***सिंचाई के क्षेत्र में राज्य सरकार द्वारा देवघर जिले की पुनासी जलाशय योजना को वर्ष 2021–22 में पूर्ण करने का लक्ष्य निर्धारित किया गया है। साहेबगंज जिला अंतर्गत गुमानी बराज परियोजना द्वारा अगले वर्ष सिंचाई प्रारंभ करने का लक्ष्य निर्धारित किया गया है।***

रखरखाव तथा मरम्मत के अभाव में राज्य की कुल 102 पुरानी वृहद् एवं मध्यम सिंचाई योजनाओं की सिंचाई क्षमता में लगभग 40 प्रतिशत की गिरावट आई है। सभी पुरानी सिंचाई योजनाओं के सृजित क्षमता के अनुसार सिंचाई प्राप्त करने हेतु इनका पुनरुद्धार किया जा रहा है। इसके अंतर्गत 66 (छासठ) योजनाओं का कार्य प्रगति पर है, जिसे अगले वर्ष पूर्ण करने का लक्ष्य रखा गया है। राज्य में छोटे–छोटे नदी–नालों के प्रवाह को चेक डेम के माध्यम से रोककर सिंचाई एवं दैनिक उपयोग में लाया जाता है। इसके लिए पूर्व से चली आ रही 300 (तीन सौ) चेक डेम की योजनाओं को अगले वित्तीय वर्ष में पूर्ण करने का लक्ष्य रखा गया है। रखरखाव के अभाव में पूर्व निर्मित आहर, तालाब, मध्यम सिंचाई योजनाओं के माध्यम से निर्मित जलाशय के क्षेत्रफल एवं उनकी जल ग्रहण क्षमता में विगत वर्षों में काफी कमी आई है, अतः पूर्व से स्वीकृत योजनाओं में से 50 (पचास) मध्यम सिंचाई योजनाओं के पुनःस्थापन का कार्य आगामी वित्तीय वर्ष में पूर्ण करने का लक्ष्य रखा गया है।

कृषि की बदहाली का एक बहुत ही महत्त्वपूर्ण कारण हमारे किसान भाइयों का ऋण के बोझ तले दबा होना भी है। राज्य सरकार ने अपने पहले बजट में अल्पकालीन कृषि ऋण राहत योजना प्रारंभ करने का निर्णय लिया है एवं वित्तीय वर्ष 2020-21 में इस निमित्त 2,000 (दो हजार) करोड़ रुपए प्रावधानित किया गया है। सरकार द्वारा 50,000 रुपए तक के कृषि ऋण को माफ करने की घोषणा की गई है, इससे राज्य के 70 प्रतिशत किसान लाभान्वित होंगे। उत्पादन की अधिकता के बावजूद भी प्राय: यह देखा जाता रहा है कि हमारे किसान भाइयों को उनकी मेहनत का सही मूल्य नहीं मिल पाता है। राज्य सरकार ने इसे ध्यान में रखते हुए धान उत्पादन एवं बाजार सुलभता नाम की एक नई योजना की शुरुआत की है, जिसके लिए 2,000 (दो हजार) करोड़ रुपए का प्रावधान वित्तीय वर्ष 2020-21 के लिए किया गया है। मौसम के प्रभाव से कृषि कार्य में होनेवाली संभावित क्षति से बचाव के लिए राज्य सरकार ने प्रधानमंत्री फसल बीमा योजना के स्वरूप में बदलाव करते हुए वर्ष-2020 के खरीफ मौसम से झारखंड राज्य किसान राहत कोष सृजित करने का निर्णय लिया है, और इसके लिए 100 (एक सौ) करोड़ रुपए का प्रावधान किया है, अब फसल बरबादी पर क्षतिपूर्ति का भुगतान सीधा किसानों को देने का निर्णय लिया गया है न कि बीमा कंपनियों को। उल्लेखनीय है कि वर्ष 2016 में सरकार ने बीमा कंपनियों को 153 करोड़ रुपए के प्रीमियम का भुगतान किया, जबकि बीमा कंपनियों द्वारा मात्र 29 करोड़ रुपए का भुगतान किसानों को किया गया। इसी प्रकार वर्ष 2017 में 114 करोड़ के भुगतान में से 36 करोड़ रुपए किसानों तक पहुँचे, वर्ष

*कृषि की बदहाली का एक बहुत ही महत्त्वपूर्ण कारण हमारे किसान भाइयों का ऋण के बोझ तले दबा होना भी है। राज्य सरकार ने अपने पहले बजट में अल्पकालीन कृषि ऋण राहत योजना प्रारंभ करने का निर्णय लिया है...*

2018 में 225 करोड़ के भुगतान के विरुद्ध मात्र 13 करोड़ रुपए किसानों तक पहुँचे।

कृषकों/महिला स्वयं सहायता समूह आदि के लिए कृषि यंत्र वितरण की योजना राज्य सरकार द्वारा चलाई जा रही है। इस योजना के माध्यम से संचित जल का उपयोग सिंचाई कार्य में करने हेतु पंप सेट, एच.डी.पी.एफ. पाइप के साथ-साथ अन्य कृषि यंत्र भी उपलब्ध कराया जा रहा है।

*झारखंड में खाद्यान्नों के अलावा सब्जी की खेती की प्रचुर संभावना है। टमाटर के उत्पादन में देश भर में राज्य का दूसरा स्थान है एवं मटर एवं बीन के उत्पादन में देश भर में झारखंड का पाँचवाँ स्थान है। बंदगोभी और पत्तागोभी के उत्पादन में राज्य का स्थान छठा है, परंतु सब्जियों की खेती में किसान को उनके परिश्रम के अनुरूप लाभ मिल पाए, इसके लिए पर्याप्त मात्रा में शीतगृह की नितांत आवश्यकता है।*

झारखंड में खाद्यान्नों के अलावा सब्जी की खेती की प्रचुर संभावना है। टमाटर के उत्पादन में देश भर में राज्य का दूसरा स्थान है एवं मटर एवं बीन के उत्पादन में देश भर में झारखंड का पाँचवाँ स्थान है। बंदगोभी और पत्तागोभी के उत्पादन में राज्य का स्थान छठा है, परंतु सब्जियों की खेती में किसान को उनके परिश्रम के अनुरूप लाभ मिल पाए, इसके लिए पर्याप्त मात्रा में शीतगृह की नितांत आवश्यकता है। राज्य में वर्तमान में 24 शीतगृह हैं, जबकि आकलित जरूरतों के अनुरूप 50 शीतगृह की आवश्यकता है। राज्य सरकार ने वित्तीय वर्ष 2020-21 में 30 (तीस) करोड़ रुपए की लागत से दो शीतगृह के निर्माण का लक्ष्य रखा है। कृषि के अलावा पशुपालन एक ऐसा महत्त्वपूर्ण क्षेत्र है, जहाँ से न केवल हमारे किसान भाइयों के लाभ में बढ़ोतरी हो सकती है, बल्कि बेरोजगारी और छुपी हुई बेरोजगारी का समाधान भी निकल सकता है। आँकड़े बताते हैं कि पशु उत्पादों में राज्य का उत्पादन खपत से कम है। अंडे के उत्पादन और खपत में 77 प्रतिशत,

मांस के उत्पादन और खपत में 71 प्रतिशत, मछली के उत्पादन और खपत में 32 प्रतिशत, दूध के उत्पादन और खपत में 38 प्रतिशत का अंतर है। इस प्रकार जिस क्षेत्र में हमें दूसरे राज्यों को अपना बाजार बनाना चाहिए, उस क्षेत्र में हम अन्य राज्यों को बाजार उपलब्ध करा रहे हैं। इस क्षेत्र में भी राज्य सरकार द्वारा कारगर कदम उठाए जा रहे हैं। पशुओं के स्वास्थ्य के मद्देनजर राज्य में एंबुलेंस सुविधा के साथ उन्नत डायग्नोस्टिक एवं अन्य परीक्षण प्रयोगशाला के अधिष्ठापन की तैयारी की जा रही है। साथ ही मोबाइल पशु चिकित्सा क्लीनिक शुरू करने का भी प्रस्ताव है। महिलाओं के आर्थिक उन्नयन हेतु 90 प्रतिशत अनुदान पर दुधारू गाय वितरण योजना से अब गरीबी रेखा से ऊपर के परिवारों को भी जोड़ा जाएगा। कामधेनु डेयरी फार्मिंग योजना के तहत प्रगतिशील दुग्ध उत्पादक परिवारों को आर्थिक सहायता प्रदान करने, अनुदानित दरों पर चारा काटने की मशीन एवं संतुलित पशु आहार उपलब्ध कराने की भी योजना है।

***पशुओं के स्वास्थ्य के मद्देनजर राज्य में एंबुलेंस सुविधा के साथ उन्नत डायग्नोस्टिक एवं अन्य परीक्षण प्रयोगशाला के अधिष्ठापन की तैयारी की जा रही है। साथ ही मोबाइल पशु चिकित्सा क्लीनिक शुरू करने का भी प्रस्ताव है। महिलाओं के आर्थिक उन्नयन हेतु 90 प्रतिशत अनुदान पर दुधारू गाय वितरण योजना से अब गरीबी रेखा से ऊपर के परिवारों को भी जोड़ा जाएगा।***

इस प्रकार राज्य सरकार ने अपने पहले वर्ष में योजनाओं में भी जिस प्रकार कृषि एवं किसानों के हितों का ध्यान रखा है, वह आनेवाले वर्षों में इससे भी बेहतर प्रयासों के लिए मुझे आशान्वित करता है।

लेकिन आज अन्नदाताओं की स्थिति में बेहतरी लाने एवं उनकी आय में आशा अनुरूप सुधार लाने के लिए राष्ट्रीय स्तर पर प्रतिबद्धता आवश्यक है, परंतु आज जब लगभग दो महीने से किसान केंद्र सरकार की नीतियों के विरुद्ध

लामबंद हैं और केंद्र कृषि नीति को किसानों के बदले बड़े उद्योगपतियों की आवश्यकताओं और धारणाओं के आधार पर बनाने के लिए प्रयासरत है, तब इस प्रयास की संभावना कम ही दिखती है। ऐसे में प्रत्येक व्यक्ति के विकास की अपनी प्रतिबद्धता को मूर्त रूप प्रदान करने के लिए राज्य सरकार को अपने सीमित संसाधनों का बेहतर-से-बेहतर प्रयोग कर नवाचारों को अपनाते हुए इस राज्य के कृषि एवं किसानों की स्थिति को बेहतर करना होगा।

□

4

# समान विद्यालय व्यवस्था : गरीबी, शोषण और गैर-बराबरी से मुक्ति का मार्ग

प्राचीन काल में भारत को विश्वगुरु की प्रतिष्ठा प्राप्त थी एवं काशी, तक्षशिला, नालंदा, विक्रमशिला, वलभी, ओदंतपुरी, जगद्दुल, नदिया, मिथिला, प्रयाग, अयोध्या, एन्नारियम, सलौत्गि, तिरुमुक्कुदल, मलकपुरम, तिरुवोरियूर, जैसे प्रतिष्ठित शिक्षा के केंद्रों में न केवल धर्मशास्त्र, बल्कि विज्ञान, गणित, दर्शन आदि विषयों की उत्कृष्ट शिक्षा प्रदान की गई, परंतु शिक्षा के समान अवसर के अधिकार के अभाव के कारण राष्ट्र की एक बड़ी जनसंख्या शिक्षा से दूर रही।

ब्रिटिश शासन के दौरान प्राच्य एवं पाश्चात्य के विवादों के बीच मैकाले द्वारा स्थापित शिक्षा पद्धति हमारी शिक्षा प्रणाली को अंत तक प्रभावित करती रही और आज भी दर्जनों आयोगों और कमिशनों की सिफारिशें लागू किए जाने के बावजूद भी हमारी वर्तमान शिक्षा पद्धति मोटे तौर पर वैसी है, जैसी सदियों पहले मैकाले ने बनानी चाही थी। पाश्चात्य शिक्षा के विषय में मैकाले का यह दंभ कि 'भारत और अरब के सभी स्थानीय साहित्यों के ज्ञान को अगर मिला दिया जाए तो पश्चिम के किसी अच्छे पुस्तकालय की सेल्फ में रखी गई पुस्तकों में यह ज्ञान सिमट सकता है,' भारतीय परंपरागत ज्ञान के विषय में उनकी सीमित जानकारी को तो प्रस्तुत करता ही है, उनके द्वारा बनाई

गई शिक्षा पद्धति की इस बड़ी कमी को भी उजागर करता है, तथापि हमें यह स्वीकार करने में किसी भी तरह से संकोच नहीं होना चाहिए कि समस्त विश्व के विभिन्न क्षेत्रों में मानव जाति द्वारा जो ज्ञान के पुंज प्रकाशित किए गए हैं, उनसे लाभान्वित होने से राष्ट्र के विकास एवं राष्ट्र-निर्माण में मदद ही मिलेगी।

परंतु आज इस निबंध के माध्यम से मैं प्राच्य और पाश्चात्य के विवाद के विषय में चर्चा नहीं करना चाहता, क्योंकि इस विषय पर पहले ही बहुत कुछ लिखा और पढ़ा जा चुका है। मेरा उद्देश्य भारतवर्ष और विशेषकर अपने राज्य झारखंड में पहुँच, गुणवत्ता और बराबरी के मापदंडों पर शिक्षा व्यवस्था पर चर्चा करना है।

***आज विचारणीय विषय यह है कि आजादी के 70 वर्षों बाद भी जो देश प्राचीनकाल में विश्वगुरु माना जाता था, वहाँ शिक्षा व्यवस्था वर्तमान में किस परिस्थिति में है एवं खासकर हमारे राज्य झारखंड में शिक्षा व्यवस्था की वर्तमान दशा क्या है ?***

आज विचारणीय विषय यह है कि आजादी के 70 वर्षों बाद भी जो देश प्राचीनकाल में विश्वगुरु माना जाता था, वहाँ शिक्षा व्यवस्था वर्तमान में किस परिस्थिति में है एवं खासकर हमारे राज्य झारखंड में शिक्षा व्यवस्था की वर्तमान दशा क्या है ? आज विडंबना यह है कि शिक्षा के मानकों में चर्चा करने के लिए हम सबसे पहले साक्षरता के आँकड़ों का उपयोग करते हैं और साक्षरता के आँकड़ों में भी हम न केवल राष्ट्रीय औसत से पीछे हैं, बल्कि देश के अन्य राज्यों की अपेक्षा काफी पीछे हैं। वर्ष 2017-18 के आँकड़ों के आधार पर झारखंड की साक्षरता दर 71.8 प्रतिशत है, जहाँ पुरुष साक्षरता दर 80.7 प्रतिशत है, वहीं महिला साक्षरता की दर 62.6 प्रतिशत है। जहाँ तक शिक्षण संस्थानों का विषय है तो झारखंड में वर्ष 2015-16 में विद्यालयों की संख्या 41,000 थी, जो वर्ष 2018-19 में घटकर 35,000 रह गई। ऐसा बड़ी संख्या में विद्यालयों के विलय के कारण

हुआ। वर्ष 2017-18 में 3.63 करोड़ की आबादी के आधार पर झारखंड में प्रति एक लाख की आबादी पर 67 प्राथमिक विद्यालय, 56 उच्च प्राथमिक विद्यालय, 13 माध्यमिक विद्यालय एवं 5 उच्च विद्यालय हैं। इस प्रकार एक प्राथमिक विद्यालय 1484 लोगों के लिए, एक उच्च प्राथमिक विद्यालय 1778 लोगों के लिए, एक माध्यमिक विद्यालय 7828 लोगों के लिए, एक उच्च विद्यालय 23,000 हजार लोगों के लिए है। जहाँ तक विद्यालय प्रबंधन का विषय है तो स्कूली शिक्षा और साक्षरता विभाग द्वारा 87 प्रतिशत प्राथमिक विद्यालयों, 70 प्रतिशत उच्चतर प्राथमिक विद्यालयों एवं 55 प्रतिशत माध्यमिक और उच्च विद्यालय चलाए जा रहे हैं। लगभग 21 प्रतिशत माध्यमिक एवं 30 प्रतिशत उच्च विद्यालय निजी प्रबंधन द्वारा चलाए जा रहे हैं। इसके अलावा राज्य में एक नेतरहाट विद्यालय, एक इंदिरा गांधी बालिका विद्यालय, कुछ जवाहर नवोदय विद्यालय, कुछ मान्यता प्राप्त अथवा मान्यता रहित मदरसे एवं कल्याण विभाग द्वारा संचालित अन्य विद्यालय हैं। इस प्रकार राज्य की युवा पीढ़ी शिक्षा प्राप्ति हेतु सरकारी विद्यालयों पर सबसे ज्यादा निर्भर है।

***स्कूली शिक्षा और साक्षरता विभाग द्वारा 87 प्रतिशत प्राथमिक विद्यालयों, 70 प्रतिशत उच्चतर प्राथमिक विद्यालयों एवं 55 प्रतिशत माध्यमिक और उच्च विद्यालय चलाए जा रहे हैं।***

इस बात को स्वीकार करने में कोई कठिनाई नहीं होनी चाहिए कि इन सरकारी विद्यालयों में शिक्षा की गुणवत्ता वैसी नहीं है, जैसी राष्ट्र-निर्माण के लिए हमने परिकल्पना की है, अतः उपर्युक्त तथ्यों से यह तो बिल्कुल ही स्पष्ट है कि हमारी शिक्षा व्यवस्था वर्तमान में पहुँच और गुणवत्ता दोनों पैमाने पर खरी नहीं उतरती।

अब तीसरा विषय आता है शिक्षा व्यवस्था में गैर-बराबरी का, जहाँ एक ओर 70-80 प्रतिशत छात्र सरकारी विद्यालयों में अपेक्षाकृत निम्न गुणवत्तायुक्त शिक्षा प्राप्त कर रहे हैं, वहीं 30 प्रतिशत छात्रों को निजी

विद्यालयों में बाजार के लिए उपयुक्त शिक्षा प्राप्त हो रही है। यहाँ गुणवत्ता के विषय में दोनों ही व्यवस्थाओं में त्रुटियाँ हैं, परंतु बाजार की उपयोगिता के हिसाब से निजी विद्यालय निश्चय ही अपने छात्रों को तैयार करने में सफल हो पा रहे हैं। शिक्षा के अधिकार अधिनियम, 2009 के प्रभाव में आने एवं संविधान के अनुच्छेद-21क द्वारा शिक्षा के अधिकार को मौलिक अधिकार बनाए जाने के बाद राज्य का यह कर्तव्य है कि गुणवत्तायुक्त शिक्षा सबके लिए सुलभ कराए।

***माननीय उच्चतम न्यायालय द्वारा तमिलनाडु राज्य बनाम श्याम सुंदर एवं अन्य में यह स्पष्ट रूप से कहा गया कि 'बच्चों का अधिकार केवल मुफ्त एवं अनिवार्य शिक्षा तक ही सीमित नहीं है, बल्कि उन्हें बिना किसी आर्थिक, सामाजिक, सांस्कृतिक पृष्ठभूमि के आधार पर बिना किसी भेदभाव के गुणवत्तायुक्त शिक्षा प्राप्त करने का भी अधिकार है।***

माननीय उच्चतम न्यायालय द्वारा तमिलनाडु राज्य बनाम श्याम सुंदर एवं अन्य में यह स्पष्ट रूप से कहा गया कि 'बच्चों का अधिकार केवल मुफ्त एवं अनिवार्य शिक्षा तक ही सीमित नहीं है, बल्कि उन्हें बिना किसी आर्थिक, सामाजिक, सांस्कृतिक पृष्ठभूमि के आधार पर बिना किसी भेदभाव के गुणवत्तायुक्त शिक्षा प्राप्त करने का भी अधिकार है। माननीय उच्चतम न्यायालय द्वारा अपने निर्णय में संयुक्त राज्य अमेरिका के प्रसिद्ध ब्राउन बनाम बोर्ड ऑफ एजुकेशनवाद में दिए गए निर्णय की एक पृथक् शिक्षा की सुविधा अंतर्निहित रूप से असमान है एवं समता के सिद्धांतों का हनन करती है,' को भी उद्धृत किया गया।

बिहार सरकार द्वारा इस दिशा में कदम उठाते हुए समान विद्यालय व्यवस्था आयोग का गठन अवकाश प्राप्त भारतीय विदेश सेवा के पदाधिकारी एवं जाने-माने शिक्षाविद् श्री मुचकुंद दुबे की अध्यक्षता में की गई थी। समिति ने निकटता के सिद्धांत (Neighbourhood Principle) के आधार

पर सबके लिए समान गुणवत्ता की शिक्षा की सिफारिश की, परंतु विभिन्न कारणों से आयोग की सिफारिशें बिहार सरकार द्वारा लागू नहीं की जा सकीं। मेरा यह मानना है कि राष्ट्र-निर्माण की दिशा में अपनी प्रतिबद्धता को प्रतिबिंबित करने की दिशा में समान विद्यालय व्यवस्था स्थापित करना एक महत्त्वपूर्ण कदम होगा।

यह ठीक है कि अपनी क्षमता के अनुरूप किसी भी अभिभावक को अपनी संतान को बेहतर-से-बेहतर शिक्षा प्रदान करने का अधिकार है, परंतु संविधान में निहित औपचारिक समानता एवं समानाधिकारवादी समानता का अधिकार राज्य पर बाध्यकारी करता है कि शिक्षा के क्षेत्र में ऐसी व्यवस्था की जाए, ताकि प्रत्येक छात्र को आर्थिक, सामाजिक अथवा अन्य कारणों से बिना किसी के भेदभाव के समान शिक्षा का अवसर प्राप्त हो अन्यथा समाज के अंतिम व्यक्ति के कल्याण का सपना कभी पूरा नहीं हो पाएगा। निश्चित रूप से इस कार्य को करने के लिए सरकारी राशि व्यय करनी होगी, परंतु राष्ट्र के भविष्य के निर्माण के लिए मेरे विचार से यह एक आवश्यक कदम है।

***कोठारी आयोग द्वारा वर्षों पूर्व ही सकल घरेलू उत्पाद के कम-से-कम 6 प्रतिशत शिक्षा में व्यय की सिफारिश की गई थी। पर अब तक हम इसे लागू नहीं कर सके। रोहित सिंघल एवं अन्य बनाम प्राचार्य, जवाहर नवोदय विद्यालय एवं अन्य मामले में उच्चतम न्यायालय स्पष्टता से कहा है कि 'बच्चे केवल भविष्य के नागरिक नहीं हैं, बल्कि इस धरती के भविष्य हैं।'***

कोठारी आयोग द्वारा वर्षों पूर्व ही सकल घरेलू उत्पाद के कम-से-कम 6 प्रतिशत शिक्षा में व्यय की सिफारिश की गई थी। पर अब तक हम इसे लागू नहीं कर सके। रोहित सिंघल एवं अन्य बनाम प्राचार्य, जवाहर नवोदय विद्यालय एवं अन्य मामले में उच्चतम न्यायालय स्पष्टता से कहा है कि 'बच्चे केवल भविष्य के नागरिक नहीं हैं, बल्कि इस धरती के भविष्य हैं।'

बच्चों के कल्याण की जिम्मेदारी शिक्षकों एवं अभिभावकों में निहित है। यह विषय भविष्य में अच्छा या बुरा होगा, यह इस बात पर निर्भर करता है कि हम अपने बच्चों की देखरेख कैसे करते हैं। शिक्षा राष्ट्र द्वारा अपने बच्चों में किया गया ऐसा निवेश है, जो भविष्य में जिम्मेदार वयस्क की उपज प्रदान कर समाज के सम्यक् संचालन एवं संतुलित विकास में मदद करता है।

□

# 5

# Judicial Review in India : Need for a Balanced Approach

An independent and impartial judiciary is said to be the custodian of the constitution, as it serves as the sentinel on qui vive. The Supreme Court of India and the High Courts have worked effectively to protect the constitution and by way of creative interpretation, they have enriched it for the greater good of the people. Judicial review has been the most effective tool for the higher judiciary to imbibe the principle of constitutionalism in the polity of the nation and also to sensitise the other two organs of the State time and again, viz. the legislature and the executive.

Judicial review in India bears resemblance to that available in the United States where the Supreme Court and other courts have endowed themselves with the power to declare a law unconstitutional, if found not to be in conformity with the provisions of the constitution. However, the Indian courts have moved far ahead to the position developed by the courts in the United States, particularly by propounding the principles of the basic structure of the constitution in the Keshwananda Bharati case and by interpreting procedures established by law in Article 21 of the constitution as due process of law in the Maneka Gandhi Case.

The constitutional development in Britain and the United States shows how the power of judicial view has shaped democracy and public liberty there. In 1608, England was ruled by the Stuart King James-I who claimed absolute power. On 13 November, 1608, James entered the royal courts and claimed that he could take any case he chooses, remove it from the courts and decide it in his royal person. Chief Justice Coke answered that he could not do so as the case ought to be determined and adjudged in a court of justice, according to the law and custom of England. The king was greatly offended and replied, "This means that I shall be under law which is treason to affirm." Coke replied, "Bracton says that the king should not be under man, but should be under God and law." At that time the judges were removable by the king, with no security of tenure. Chief Justice Coke's reply was an affirmation of the judicial power while upholding the rule of law against arbitrary decisions of the sovereign.

***In the United Sates, in 1801, Chief Justice John Marshall highlighted and re-affirmed the power of the American Supreme Court to invalidate Congressional statutes in the celebrated case of Marbury V. Madison.***

In the United Sates, in 1801, Chief Justice John Marshall highlighted and re-affirmed the power of the American Supreme Court to invalidate Congressional statutes in the celebrated case of Marbury V. Madison. Marshall was Secretary of State in the administration of President John Adams, who, in the last days of his presidency, appointed, as judges and magistrates, more than 50 people belonging to his party. Meanwhile, Marshall was appointed Chief Justice and overlooked delivering some commissions. The incoming President, Thomas Jefferson ordered his Secretary of State James Madison not to deliver these commissions. Marbury, an appointee, moved the Supreme Court for a direction against Secretary of State, Madison, praying that the commission be delivered to him. Chief Justice Marshall knew that if a direction was given, it was unlikely to be obeyed by President Jefferson. By an act of judicial statesmanship, Marshall ruled that Section 13 of the Judiciary Act, under which Marbury had petitioned the court, was unconstitutional and invalid and therefore, the court had no original jurisdiction to grant relief. He avoided the direct conflict with the administration while reaffirming the judicial review power to invalidate an act of Congress.

Indian Supreme Court judges, like P.N. Bhagwati and V.R. Krishna lyer increased manifold the concept of judicial review by bringing the concept of Public Interest Litigation (PIL). The Public Interest Litigation became an important tool to mitigate the hardships of poor and downtrodden as well as a mechanism to make accountable the State machinery towards its responsibilities. Cases, like Hussainara Khatoon case, Bandhua Mukti Morcha case, etc. are examples where the Supreme Court of India took up the issues of the last man in the society. Not only that, but the higher judiciary, exercising the power of judicial review, has given creative interpretation to fundamental rights and has time and again enriched the Indian constitutional law with the principles of Natural Law. Where there is inaction on the part of legislature or executive, the judiciary has stepped in and, in exercise of its obligations to implement the constitution, provided a solution till such time as the legislature or the executive acted to perform their roles, either by enacting appropriate legislation or issuing executive orders to cover the field. Vishakha v. State of Rajasthan and Vineet Narain v. Union of India are such cases

***The Public Interest Litigation became an important tool to mitigate the hardships of poor and downtrodden as well as a mechanism to make accountable the State machinery towards its responsibilities.***

where the Supreme Court of India gave judgements to provide direction to curb sexual offences against women at workplaces and regarding appointment of Central Vigilance Commission respectively, when appropriate legislation were not in place.

The Indian Constitution does not contemplate doctrine of separation of powers in its dogmatic form. There is, to a large extent, a parallelism of power, with hierarchies between the three organs in a particular field. It is this balance of hierarchies which must be maintained by each organ, subject to check by the other two.

> ***The Indian Constitution has not indeed recognised the doctrine of separation of powers in its absolute rigidity but the functions of the different parts or branches of the Government have been sufficiently determined and consequently, it can very well be said that our constitution does not contemplate assumption by one organ or part of the State, of functions that essentially belong to another.***

The Supreme Court in Ram Jawaya v. State of Punjab rightly observed:

"The Indian Constitution has not indeed recognised the doctrine of separation of powers in its absolute rigidity but the functions of the different parts or branches of the Government have been sufficiently determined and consequently, it can very well be said that our constitution does not contemplate assumption by one organ or part of the State, of functions that essentially belong to another."

Again the Supreme Court in Asif Hameed v. State of Jammu and Kashmir observed: "Although the doctrine of separation of power has not been recognised under the constitution, the makers have meticulously defined the functions of various organs of the State. Legislature, executive and judiciary have to function within their own spheres demarcated under the constitution. No organ can usurp the functions assigned to another. The constitution trusts the judgements of these organs who exercise their discretion by strictly following the procedure prescribed therein."

The court quoted Felix Frankfurter of United States Supreme Court where he said, "All power in Madison's phrase of encroaching nature, judicial power is not immune against this human weakness. It must be on guard against encroaching beyond its proper bounds and not be less so, since the only restraint upon it is self-restraint.

To conclude I must say that it is the common responsibility of three organs of the State to implement the mandate given by the constitution and through mutual co-operation rather than clash between these organs, shall fulfil the aspirations of the makers of the constitution, thus serving the interest of the nation.

□

# 6

# भारतीय महिला हॉकी : पदक की चूक-जज्बे की जीत

8 अगस्त, 2021 को समाप्त हुए खेल के महाकुंभ टोक्यो ओलंपिक में 01 स्वर्ण, 02 रजत और 04 कांस्य पदकों के साथ कुल 07 पदक प्राप्त कर भारत ने पदक तालिका में 48वाँ स्थान प्राप्त किया। यह भारत का ओलंपिक में अब तक का सर्वश्रेष्ठ प्रदर्शन था, इससे पहले 2012 में लंदन ओलंपिक में भारत ने 06 पदक हासिल किए थे। भारत ने ओलंपिक में अब तक कुल 35 पदक प्राप्त किए हैं, जिनमें से 10 स्वर्ण पदक हैं। इन 10 में से 08 स्वर्ण पदक पुरुषों की हॉकी प्रतियोगिता के लिए भारत ने जीते हैं। नीरज चोपड़ा द्वारा जैवलिन थ्रो में प्राप्त किए गए स्वर्ण पदक से पूर्व 13 साल पहले बीजिंग ओलंपिक में अभिनव बिंद्रा ने 10 मीटर एयर राइफल में स्वर्ण पदक हासिल किया था। इस प्रकार यह भारत का मात्र दूसरा व्यक्तिगत स्वर्ण पदक है।

ओलंपिक अंतरराष्ट्रीय स्तर पर एक ऐसा मंच है, जिसके माध्यम से दुनिया के देश विश्व के पटल पर अपनी पहचान बना पाते हैं। इस कारण कई बार इसे देश की गरिमा और खेल के क्षेत्र में उसकी क्षमता के मानक के रूप में भी देखा जाता है। भारत जैसा विशाल देश, जो जनसंख्या के लिहाज से विश्व में चीन के बाद दूसरे नंबर पर है, उसके लिए 121 साल के अपने ओलंपिक इतिहास में मात्र 35 पदक प्राप्त कर पाना खेल के क्षेत्र में हमारे देश के पिछड़े होने का एहसास दिलाता है। अपने पड़ोसी देश चीन की ओर

देखें तो 1984 में अपना ओलंपिक सफर शुरू करने के बाद अब तक चीन ने कुल 742 पदक ओलंपिक में जीते हैं। टोक्यो ओलंपिक में भी चीन का स्थान दूसरा था। विशेषज्ञों की मानें तो हमारे देश में खेल संस्कृति का अभाव, खेल में पारिवारिक, सामाजिक भागीदारी की कमी, खेल इंफ्रास्ट्रक्चर की कमी, खेल फेडरेशन की सियासत, भ्रष्टाचार, भाई-भतीजावाद और सरकारी नीतियों में खेल को लेकर प्राथमिकता का अभाव इसके मुख्य कारण माने जाते हैं और इस विषय पर अनेक बार चर्चा की जा चुकी है।

**विशेषज्ञों की मानें तो हमारे देश में खेल संस्कृति का अभाव, खेल में पारिवारिक, सामाजिक भागीदारी की कमी, खेल इंफ्रास्ट्रक्चर की कमी, खेल फेडरेशन की सियासत, भ्रष्टाचार, भाई-भतीजावाद और सरकारी नीतियों में खेल को लेकर प्राथमिकता का अभाव इसके मुख्य कारण माने जाते हैं और इस विषय पर अनेक बार चर्चा की जा चुकी है।**

आज इस लेख के माध्यम से मैं बात कहना चाहता हूँ भारतीय महिला हॉकी टीम की, जो सेमीफाइनल मुकाबले में पिछले ओलंपिक के स्वर्ण पदक विजेता ग्रेट ब्रिटेन से एक बेहद ही कड़े मुकाबले में हारकर ओलंपिक पदक से चूक गई। भारतीय महिला हॉकी केवल तीन बार ओलंपिक खेलों में शामिल हुई है, परंतु रानी रामपाल के नेतृत्ववाली इस टीम का टोक्यो ओलंपिक में अभूतपूर्व प्रदर्शन पूरे भारत की बेटियों की ओर से सपने को जीने जैसा था। कांस्य पदक प्राप्त करने की अपनी लड़ाई में भले ही 3-4 से यह टीम ग्रेट ब्रिटेन से हार गई हो, परंतु इसे क्वार्टर फाइनल में ऑस्ट्रेलिया जैसी टीम को और उससे पहले साउथ अफ्रीका जैसी मजबूत टीम को हराना निश्चय ही अकल्पनीय था।

सफलता की इस ऊँचाई पर यह टीम यूँ ही नहीं पहुँच पाई है। 2018 में जकार्ता में आयोजित एशियाड में जापान द्वारा पराजित होने पर इस टीम के टोक्यो ओलंपिक के लिए स्वत: क्वालीफाई करने की उम्मीदों पर ग्रहण लग गया, लेकिन अपनी मेहनत और जज्बे से इस टीम ने नवंबर 2019 में

ओलंपिक क्वालीफायर में अमरीका को हराकर टोक्यो ओलंपिक में अपनी जगह पक्की कर ली।

शुरुआत में इस टीम के कदम ओलंपिक में डगमगाए थे, परंतु दो वर्ष के कठिन परिश्रम की बदौलत प्रतिस्पर्धा में इस टीम ने स्वयं को जमाए रखा और सेमीफाइनल तक पहुँचकर पूरी दुनिया को चकित कर दिया। इस टीम की सफलता की कहानी इस टीम की 16 बेटियों की कहानी है, जिन्होंने तमाम मुश्किलों को पार कर अपने सपने को साकार किया है और पूरे देश की बेटियों के लिए सपने गढ़ने का काम किया है। टीम की कप्तान रानी रामपाल के पिता हरियाणा में घोड़ा गाड़ी चलाते थे। शुरुआत में आर्थिक रूप से कमजोर परिवार से होने के कारण हॉकी खेलने में उन्हें विरोध का सामना करना पड़ा, लेकिन जिनके जज्बों में ताकत होती है, नियति उनके लिए स्वत: रास्ता बना देती है। 15 साल की उम्र में वर्ष 2010 में वो विश्वकप खेलनेवाली सबसे कम उम्र की खिलाड़ी बनी, उसके बाद से वे भारतीय महिला टीम की सदस्य हैं। 2020 में उन्हें प्रतिष्ठित 'वर्ल्ड गेम्स एथलीट ऑफ द ईयर' का पुरस्कार मिला। 'बीबीसी इंडियन स्पोर्ट्स वुमैन ऑफ द ईयर 2020' के लिए भी उन्हें नामांकित किया गया था। भारत सरकार ने उन्हें पद्मश्री से भी सम्मानित किया है। टीम की उपकप्तान 27 वर्षीय दीप ग्रेस एक्का भी उड़ीसा के अत्यंत गरीब परिवार से हैं और टोक्यो में अपना दूसरा ओलंपिक खेल रही थीं। दो ओलंपिक में हिस्सा लेनेवाली वह उड़ीसा की पहली खिलाड़ी हैं। 2013 में महिला जूनियर हॉकी विश्वकप जीतनेवाली टीम में वे शामिल थीं

**टीम की कप्तान रानी रामपाल के पिता हरियाणा में घोड़ा गाड़ी चलाते थे। शुरुआत में आर्थिक रूप से कमजोर परिवार से होने के कारण हॉकी खेलने में उन्हें विरोध का सामना करना पड़ा, लेकिन जिनके जज्बों में ताकत होती है, नियति उनके लिए स्वत: रास्ता बना देती है। 15 साल की उम्र में वर्ष 2010 में वो विश्वकप खेलनेवाली सबसे कम उम्र की खिलाड़ी बनी, उसके बाद से वे भारतीय महिला टीम की सदस्य हैं।**

और अब तक भारत के लिए दो सौ से ज्यादा मैच खेल चुकी हैं। 29 साल की वंदना कटारिया टीम की स्टार खिलाड़ी हैं। 2013 के जूनियर महिला विश्व कप में भारत की ओर से वे सबसे ज्यादा गोल करनेवाली खिलाड़ी रहीं। उत्तर प्रदेश की यह खिलाड़ी दो सौ से ज्यादा मैच खेल चुकी हैं और वे टीम की अनुभवी स्ट्राइकों में से एक हैं। वंदना उस टीम का भी हिस्सा थीं, जिसने 2016 एशियाई चैंपियंस ट्रॉफी में स्वर्ण पदक जीता था।

30 साल की भारतीय टीम की गोलकीपर सविता हरियाणा के हिसार से हैं। उन्होंने 18 साल की उम्र में देश के लिए खेलना शुरू किया था और पिछले 12 सालों में भारत की ओर से सौ से ज्यादा मैचों में हिस्सा ले चुकी हैं। 2018 में उन्हें अर्जुन पुरस्कार से सम्मानित किया गया था। इस गौरवशाली टीम में झारखंड की दो बेटियाँ निक्की प्रधान और सलीमा टेटे भी थीं। निक्की 27 वर्ष की हैं। भारत के लिए सौ से ज्यादा मैच खेल चुकी हैं। निक्की मरांग गोमके जयपाल सिंह मुंडा के जिले खूँटी से हैं और उन्होंने एफ.आई.एच. ओलंपिक क्वालीफायर में अमेरिका के खिलाफ भारत के अभियान में काफी महत्त्वपूर्ण भूमिका अदा की थी। वे 2016 के रियो ओलंपिक में भी टीम का हिस्सा थीं और तब वे ओलंपिक में हिस्सा लेनेवाली झारखंड की पहली महिला हॉकी खिलाड़ी बनीं। सलीमा टेटे सिमडेगा से हैं और उनकी उम्र मात्र 19 साल है। भारत के लिए वे अब तक 29 मैच खेल चुकी हैं। सलीमा 2018 के यूथ ओलंपिक में रजत पदक जीतनेवाली भारतीय टीम की कप्तान थीं। इन दो महिला

**निक्की मरांग गोमके जयपाल सिंह मुंडा के जिले खूँटी से हैं और उन्होंने एफ.आई.एच. ओलंपिक क्वालीफायर में अमेरिका के खिलाफ भारत के अभियान में काफी महत्त्वपूर्ण भूमिका अदा की थी। वे 2016 के रियो ओलंपिक में भी टीम का हिस्सा थीं और तब वे ओलंपिक में हिस्सा लेनेवाली झारखंड की पहली महिला हॉकी खिलाड़ी बनीं। सलीमा टेटे सिमडेगा से हैं और उनकी उम्र मात्र 19 साल है। भारत के लिए वे अब तक 29 मैच खेल चुकी हैं।**

खिलाड़ियों के अलावा हमारे राज्य की ऐसी अनेक प्रतिभाशाली महिला हॉकी खिलाड़ी हैं, जो देश के लिए बेहतर प्रदर्शन करने का माद्‌दा रखती हैं।

बेंगलुरु में चल रहे जूनियर इंडिया कैंप में झारखंड के सिमडेगा जिले की तीन बेटियाँ—संगीता कुमारी, ब्यूटी डुंगडुंग और सुषमा कुमारी प्रशिक्षण ले रही हैं। तीनों ही खिलाड़ी बहुत ही प्रतिभाशाली हैं और तीनों एक ही गाँव कर्मागुड़ी की हैं। संगीता कुमारी ने भी सलीमा टेटे के साथ ही भारतीय टीम में जगह बनाई थी, लेकिन किस्मत ने उनका साथ नहीं दिया। टोक्यो ओलंपिक नहीं खेल पाईं। 2018 यूथ ओलंपिक में भारतीय टीम की घोषणा होने के बाद बैंकॉक जाने से ठीक एक दिन पहले उनके पैर में चोट आई और उन्हें सर्जरी करानी पड़ी और वह नहीं जा सकीं।

***बेंगलुरु में चल रहे जूनियर इंडिया कैंप में झारखंड के सिमडेगा जिले की तीन बेटियाँ—संगीता कुमारी, ब्यूटी डुंगडुंग और सुषमा कुमारी प्रशिक्षण ले रही हैं। तीनों ही खिलाड़ी बहुत ही प्रतिभाशाली हैं और तीनों एक ही गाँव कर्मागुड़ी की हैं।***

2016 के अंडर 18 एशिया कप में भारतीय टीम की तरफ से खेलते हुए देश की इस प्रतियोगिता में भारत की ओर से किए गए कुल 14 गोलों में से संगीता ने आठ गोल अकेले किए थे। भारतीय टीम इस प्रतियोगिता में कांस्य पदक की विजेता थी। 2002-03 के आसपास झारखंड के कई खिलाड़ी टीम में हुआ करती थीं, जिसमें प्रमुख रूप से सुमराय टेटे, एडलिन केरकेट्टा, कांति बा, मसीरा सुरीन, अंसुता लकड़ा इत्यादि, लेकिन उनके कुछ दिनों के बाद झारखंड के खिलाड़ी भारतीय टीम में जगह बनाने में असफल रहे, लेकिन 2015 के बाद पुनः झारखंड टीम की खिलाड़ियों की भारतीय टीम में शुरुआत हुई। उसके बाद झारखंड की निक्की प्रधान, सोनल मिंज, अलका डुंगडुंग, अल्फा केरकेट्टा और अब सलीमा टेटे, संगीता कुमारी, ब्यूटी डुंगडुंग, सुषमा कुमारी इत्यादि भारतीय टीम से खेल चुकी हैं या खेल रही हैं।

इस तरह देश में व विशेषकर हमारे राज्य झारखंड के प्रतिभाओं की

कमी नहीं है, आवश्यकता है खेल के क्षेत्र में एक ऐसे इको सिस्टम को तैयार करने की, जो स्वतः खिलाड़ियों को प्रोत्साहित करें। भारतीय हॉकी की सफलता के लिए जिस प्रकार उड़ीसा के नवीन पटनायक सरकार ने कार्य किया है, वह केंद्र और अन्य राज्य सरकारों के लिए भी प्रेरणा का स्रोत है। खेल की संस्कृति को बढ़ावा देने के लिए सरकार के नेतृत्व में एक सुस्पष्ट और सुग्राह्य योजना को बनाया जाना तो आवश्यक है ही, लोगों की भागीदारी के साथ-साथ सरकारी और निजी क्षेत्र का समन्वय भी खेल के क्षेत्र में हमें एक महाशक्ति बना सकता है, जैसे कि उड़नपरी पी.टी. उषा कहती हैं कि खेल के क्षेत्र में बेहतर परिणाम के लिए उस बेहतर परिणाम को पाने की इच्छा करना सबसे पहली आवश्यकता है। इस इच्छा से तात्पर्य सरकार, समाज, परिवार और खिलाड़ियों की समेकित इच्छा से यह इच्छाशक्ति ही भविष्य में सफलता के सभी दरवाजे खेल के हर क्षेत्र में खोल देगी और निश्चय ही हमारा देश विश्व स्तर पर एक बड़ी खेल महाशक्ति के रूप में उभर पाएगा और इस कार्य में हमारे राज्य झारखंड की अत्यंत ही महत्त्वपूर्ण भूमिका होगी।

***खेल की संस्कृति को बढ़ावा देने के लिए सरकार के नेतृत्व में एक सुस्पष्ट और सुग्राह्य योजना को बनाया जाना तो आवश्यक है ही, लोगों की भागीदारी के साथ-साथ सरकारी और निजी क्षेत्र का समन्वय भी खेल के क्षेत्र में हमें एक महाशक्ति बना सकता है, जैसे कि उड़नपरी पी.टी. उषा कहती हैं कि खेल के क्षेत्र में बेहतर परिणाम के लिए उस बेहतर परिणाम को पाने की इच्छा करना सबसे पहली आवश्यकता है।***

भारतीय महिला हॉकी टीम की बात करते हुए इस टीम के मुख्य कोच शॉर्ड मारिन और एनालेटिक कोच जैनेक स्कॉपमैन की चर्चा किए बिना बात पूरी नहीं की जा सकती। इन दोनों ने और खासकर शॉर्ड मारिन ने जिस प्रकार इस महिला टीम का दामन थामे रखा, उन्हें विश्व स्तरीय हॉकी की तकनीकें

सिखाईं और कोविड महामारी के कठिन दौर में भी जब आधी टीम कोरोना संक्रमित हो चुकी थी, तब भी कठिन परिश्रम और लगन से टीम की गुणवत्ता को अंतरराष्ट्रीय स्तर का बनाने में महत्त्वपूर्ण भूमिका निभाई। वह निश्चय ही प्रशंसनीय है। ओलंपिक पदक से चूक जाने के कारण भारतीय महिला हॉकी टीम की कहानी 'चक दे इंडिया' की तरह सुखांतवाली तो नहीं है, परंतु इन बेटियों ने अंतरराष्ट्रीय पटल पर जिस प्रकार महिला हॉकी को स्थापित किया है, उनके पदचिह्नों पर चलकर निश्चय ही हमारा देश खेल के क्षेत्र में भविष्य में नए कीर्तिमान गढ़ेगा।

□

# 7

# कोरोना महामारी : सहयोग और समन्वय से समाधान

मानव सभ्यता के इतिहास में कोरोना महामारी निश्चय ही सबसे बड़ी त्रासदियों में एक है, यद्यपि आँकड़े अब भी बताते हैं कि मानव सभ्यता ने इससे बड़ी त्रासदियों को पार किया है और मृत्यु के कुल आँकड़े शायद इसे मानने पर हमें विवश भी करें, परंतु आज जब विज्ञान इतना विकसित है, स्वास्थ्य सुविधाएँ समानुपातिक रूप से बढ़ी हैं, तब भी इस महामारी ने हमारे आत्मविश्वास को जिस प्रकार धराशायी कर दिया है, वह कल्पनातीत है, अब भी हम भविष्य में आनेवाले इसके प्रभावों को पूरी तरह जान पाने में असमर्थ हैं। मैं स्वयं और मेरे पुत्र भी इस बीमारी से संक्रमित हुए। परिवार के कई सदस्य असमय काल के गाल में समा गए। कोरोना की पहली लहर के दौरान विधानसभा सत्र बीच में ही मुझे स्थगित करना पड़ा।

आज जब इस विभीषिका को फैले डेढ़ वर्ष से ज्यादा हो चुके हैं तो इस दौरान जो प्राणों को क्षति हुई है, उसका अनुमान हम मृतकों के आँकड़ों से नहीं लगा सकते। किसी अपने के चले जाने का दर्द अंतहीन है और उस घाव को सहानुभूति के शब्द भर नहीं सकते।

2019 के अंत में जब चीन के वुहान से इस महामारी की खबरें आनी शुरू हुई थीं, तभी इसने अपनी भयावहता का परिचय दे दिया था, लेकिन दुनिया के दूसरे देशों की तरह हम भी इसकी भयावहता समझ पाने में असमर्थ

रहे। विशेषज्ञों की मानें तो कोरोना वायरस, जिसे वैज्ञानिकों ने sars-cov-2 का नाम दिया है, इस वायरस की खासियत है कि इस वायरस का फैलाव शुरुआत में ज्यादा होता हुआ नहीं दिखता। यह बहुत खामोशी से कदम आगे बढ़ाता है और उसके बाद फट पड़ता है।

अमेरिका की मिशिगन यूनिवर्सिटी में महामारी रोग विशेषज्ञ भ्रमर मुखर्जी ने अपने सहकर्मियों के साथ एक एप तैयार किया है, जिसके जरिए वायरस की ट्रैकिंग की जा रही है और पूर्वानुमान लगाए जा रहे हैं। उनका मानना है कि हमें खामोशी से आगे बढ़ती पदचाप को सुनना और पहचानना होगा और आँकड़ों के संकेत समझते हुए जल्द काररवाई करनी होगी।

कोरोना महामारी की दूसरी लहर ने खासकर जिस प्रकार हमारे देश में व्यवस्था की कमियों को उजागर किया है, यह एक बार फिर इस बात को स्थापित करता है कि अगर हम एक लोक-कल्याणकारी राज्य होने का दावा करते हैं तो स्वास्थ्य के क्षेत्र में हमें आमूलचूल परिवर्तन करने होंगे।

*कोरोना महामारी की दूसरी लहर ने खासकर जिस प्रकार हमारे देश में व्यवस्था की कमियों को उजागर किया है, यह एक बार फिर इस बात को स्थापित करता है कि अगर हम एक लोक-कल्याणकारी राज्य होने का दावा करते हैं तो स्वास्थ्य के क्षेत्र में हमें आमूलचूल परिवर्तन करने होंगे।*

सबसे पहले बात करते हैं केंद्र सरकार की बहुचर्चित महत्त्वाकांक्षी 'आयुष्मान भारत योजना' की। इस योजना की शुरुआत सितंबर 2018 में हमारे प्रांत की राजधानी राँची से ही हुई थी। इस योजना के तहत गरीब परिवारों के हर सदस्य का आयुष्मान कार्ड बनता है, जिसमें अस्पताल में भर्ती होने पर 5 लाख रुपए तक का इलाज मुफ्त होता है। इस योजना के लाभार्थी सामाजिक और आर्थिक स्थिति के आधार पर तय किए जाते हैं, जिसके लिए 2011 में हुई सामाजिक और आर्थिक जनगणना को मानक बनाया गया है।

इस योजना का सालाना बजट तकरीबन 6400 करोड़ रुपए का है। उपलब्ध आँकड़ों के मुताबिक इस योजना के अंतर्गत 4 लाख लोगों का इलाज किया गया है, कुल 10 लाख कोरोना टेस्ट किए गए हैं और कुल 12 करोड़ रुपए खर्च किए गए हैं। बी.बी.सी. संवाददाता सरोज सिंह ने अपने आलेख के माध्यम से इन आँकड़ों के मतलब को समझाने की कोशिश की है, इसकी चर्चा की जानी चाहिए।

उनके अनुसार भारत में उनके द्वारा खबर लिखे जाने तक कोरोना से तकरीबन दो करोड़ लोग ठीक हो चुके थे और 40 लाख एक्टिव मामले थे, यानी भारत में कोरोना के कुल मामले तकरीबन 2 करोड़ 40 लाख थे।

*भारत सरकार के मुताबिक 80–90 फीसदी मरीज कोरोना से संक्रमित होकर अपने घरों में ही ठीक हो जाते हैं। केवल 10–20 फीसदी मरीजों को ही अस्पताल में भर्ती होने की जरूरत पड़ती है, अगर यह मान लिया जाए कि 10 फीसदी लोगों को अस्पताल जाने की जरूरत हुई तो लगभग 24 लाख लोग अस्पताल गए और इनमें से मात्र 4 लाख लोगों को इस योजना का लाभ मिला और इस क्रम में कुल 12 करोड़ का खर्च हुआ।*

भारत सरकार के मुताबिक 80–90 फीसदी मरीज कोरोना से संक्रमित होकर अपने घरों में ही ठीक हो जाते हैं। केवल 10–20 फीसदी मरीजों को ही अस्पताल में भर्ती होने की जरूरत पड़ती है, अगर यह मान लिया जाए कि 10 फीसदी लोगों को अस्पताल जाने की जरूरत हुई तो लगभग 24 लाख लोग अस्पताल गए और इनमें से मात्र 4 लाख लोगों को इस योजना का लाभ मिला और इस क्रम में कुल 12 करोड़ का खर्च हुआ। योजना के 6400 करोड़ के सालाना बजट के सामने यह खर्च कितना नाकाफी है, कहने की आवश्यकता नहीं है।

इस तरह कोरोना ने इस बात को बिल्कुल स्पष्ट कर दिया है कि इस प्रकार की स्वास्थ्य बीमा योजनाओं से देश की स्वास्थ्य समस्या का हल नहीं

निकाला जा सकता, चाहे प्रचार तंत्र का उपयोग कर हम इसे विश्व की सबसे बड़ी योजना बताते न थकें। यथार्थ के धरातल पर इन योजनाओं के माध्यम से हम आम दिनों की स्वास्थ्य समस्याओं का हल नहीं निकाल सकते, कोरोना जैसी विभीषिका का समाधान निकाल पाना तो दूर की कौड़ी है।

आवश्यकता इस बात की है कि स्वास्थ्य क्षेत्र में ढाँचागत विकास करने होंगे। सरकारी अस्पतालों में गुणात्मक बदलाव लाने होंगे। स्वास्थ्यकर्मियों को जनसंख्या के अनुसार समानुपातिक रूप से बढ़ाना होगा। वर्तमान में हमारे देश में प्रति 10,189 लोगों के लिए एक चिकित्सक है। इस प्रकार विश्व स्वास्थ्य संगठन के नियत किए गए मापदंड 1:1000 के आधार पर देश में 6,00,000 चिकित्सकों की कमी है। अतः मात्र संख्या का आधार ही लिया जाए तो स्वास्थ्य व्यवस्था नाकाफी है।

*कोरोना महामारी एवं इसके साथ केंद्र सरकार द्वारा बिना मुकम्मल तैयारी के मात्र चार घंटों की पूर्व सूचना पर लगाए गए लॉकडाउन ने देश की संपूर्ण अर्थव्यवस्था को धराशायी तो कर ही दिया है, परंतु इसका सबसे निर्मम प्रभाव देश की गरीब जनता पर हुआ है।*

बीमारी केवल मृत्यु अथवा शारीरिक कठिनाइयों का कारण ही नहीं बनती है, बल्कि इसका परिवार की आय पर भी बड़ा प्रतिकूल असर पड़ता है। कोरोना महामारी एवं इसके साथ केंद्र सरकार द्वारा बिना मुकम्मल तैयारी के मात्र चार घंटों की पूर्व सूचना पर लगाए गए लॉकडाउन ने देश की संपूर्ण अर्थव्यवस्था को धराशायी तो कर ही दिया है, परंतु इसका सबसे निर्मम प्रभाव देश की गरीब जनता पर हुआ है। लॉकडाउन के कारण करीब 1 करोड़ प्रवासी मजदूरों को वापस लौटना पड़ा एवं लौटने के दौरान करीब 300 ऐसे मजदूरों की थकान अथवा दुर्घटना में मौत हो गई। पिछले साल की दूसरी तिमाही में देश के सकल घरेलू उत्पाद में 23 प्रतिशत की गिरावट आई।

बेरोजगारी, जो पहले ही 45 वर्षें में सबसे उच्चतम स्तर पर थी, पिछले साल मार्च से अक्तूबर के बीच 8.7 प्रतिशत से बढ़कर 23.5 प्रतिशत हो गई।

इस दौरान शहरी गरीबी 20 प्रतिशत और ग्रामीण गरीबी में 15 प्रतिशत की बढ़ोतरी हुई। देश के सबसे गरीब 23 करोड़ की आय 375 रुपए की न्यूनतम मजदूरी से भी कम हो गई।

कुल मिलाकर कोरोना से लड़ने के लिए केंद्र ने जो रणनीति अपनाई, वह हर स्तर पर न केवल नाकाफी साबित हुई, बल्कि कई मामलों में प्रतिकूल प्रभाव देनेवाली हुई। उदाहरण के लिए पहले तो बिना तैयारी के लॉकडाउन लगाकर देश को आर्थिक संकट में ढकेल दिया गया, फिर दूसरी लहर की आशंका के बिना लोगों के बीच यह भ्रम फैला दिया गया कि हमने कोरोना पर जीत हासिल कर ली है।

इस पूरे घटनाक्रम में हमारी सबसे बड़ी पूँजी और कोरोना से लड़ने का सबसे बड़ा हथियार वैक्सीन भी केंद्र सरकार की अदूरदर्शिता का शिकार हुआ। भारत अपने महान् वैज्ञानिकों के बल पर वैक्सीन की खोज में अग्रणी देशों में शामिल था। विश्व की सबसे बड़ी वैक्सीन उत्पादक कंपनी सीरम इंस्टीट्यूट के होने के बावजूद हम ससमय अपने अधिक-से-अधिक लोगों को टीका नहीं दे पा रहे हैं। पर कहना न होगा कि इस कठिन समय में भी कुछेक राज्य सरकारों ने सीमित साधनों के बीच जैसा उदाहरण प्रस्तुत किया है, उससे बड़ी संख्या में लोगों की मदद हो पाई है और प्राणों की रक्षा हुई है।

*इस पूरे घटनाक्रम में हमारी सबसे बड़ी पूँजी और कोरोना से लड़ने का सबसे बड़ा हथियार वैक्सीन भी केंद्र सरकार की अदूरदर्शिता का शिकार हुआ। भारत अपने महान् वैज्ञानिकों के बल पर वैक्सीन की खोज में अग्रणी देशों में शामिल था। विश्व की सबसे बड़ी वैक्सीन उत्पादक कंपनी सीरम इंस्टीट्यूट के होने के बावजूद हम ससमय अपने अधिक-से-अधिक लोगों को टीका नहीं दे पा रहे हैं।*

झारखंड के पास इस महामारी की शुरुआत में मात्र 250 ऑक्सीजन बेड उपलब्ध थे, जिसे मात्र एक महीने में बढ़ाकर 10,000 बेड कर दिया गया।

अमृत वाहिनी एवं चैटबोर्ड संजीवनी वाहन जैसे नित नए नवाचारों से राज्य सरकार इस आपदा से लड़ने के उपाय ढूँढ़ रही है। सबको मुफ्त वैक्सीन देकर समाज के अंतिम व्यक्ति तक लाभांश पहुँचाने के अपने संकल्प को इस सरकार ने पूरा किया है। इतना ही नहीं, हमारे राज्य ने अन्य राज्यों की तरफ भी मदद का हाथ बढ़ाया है और आज खनिज संपदाओं से परिपूर्ण झारखंड देश भर में सबसे बड़ा ऑक्सीजन प्रदान करनेवाला राज्य हो गया है।

***वैक्सीन के उपयोग में केरल ने जो उदाहरण प्रस्तुत किया है, वह अन्य राज्यों के लिए भी नजीर बन सकता है। केरल को कुल 73,38,806 वैक्सीन की डोज मिली थी, जिससे उसने लोगों को 74,26,164 डोज दी। इस प्रकार 87,358 डोज उपलब्ध डोज से ज्यादा दी। यह कमाल वहाँ की जागरूक जनता एवं कुशल चिकित्सा कर्मियों के कारण संभव हो सका।***

झारखंड के साथ ही केरल की चर्चा की जानी आवश्यक है। देश में कोरोना का सबसे पहला मामला केरल से ही रिपोर्ट हुआ था, उसके बाद से ही राज्य सरकार ने जिस सजगता से इस महामारी से लोगों को बचाने का प्रयास किया है, वह निश्चय ही प्रशंसा योग्य है। वैक्सीन के उपयोग में केरल ने जो उदाहरण प्रस्तुत किया है, वह अन्य राज्यों के लिए भी नजीर बन सकता है। केरल को कुल 73,38,806 वैक्सीन की डोज मिली थी, जिससे उसने लोगों को 74,26,164 डोज दी। इस प्रकार 87,358 डोज उपलब्ध डोज से ज्यादा दी। यह कमाल वहाँ की जागरूक जनता एवं कुशल चिकित्सा कर्मियों के कारण संभव हो सका। वैक्सीन सेंटर पर लोगों के ससमय उपस्थित होने एवं वैक्सीन की प्रत्येक शीशी में वैक्सीन कंपनी द्वारा 0.55 से 0.6 एम.एल. तक की अतिरिक्त दवा का उपयोग कर केरल द्वारा यह कमाल किया गया। यह एक ऐसा उदाहरण है, जो यह साबित करता है कि कठिन समय में जनता और प्रशासन की सूझ-बूझ से सफलता के नए आयाम कायम किए जा सकते हैं।

बात इस क्रम में उन कोरोना योद्धाओं की भी की जानी चाहिए, जिन्होंने अपने प्राणों की परवाह किए बिना अपने कर्तव्यों का निर्वहन किया। चाहे वो हमारे चिकित्सक हों, पैरामेडिकल स्टाफ हों, सफाई कर्मचारी हों, श्मशानों के कर्मचारी हों, पुलिस बल, प्रशासनिक पदाधिकारी अथवा सैकड़ों स्वयंसेवी संस्था के लोग हों, इस संकट की घड़ी में उनके प्रति कृतज्ञता प्रकट की जानी चाहिए। कृतज्ञता दुनिया भर की लैबों में काम करनेवाले उन वैज्ञानिकों के प्रति भी व्यक्त की जानी चाहिए कि जब पूरी मानव सभ्यता आशा भरी निगाहों से उनकी ओर इस बीमारी की प्रभावी दवा के लिए देख रही थी तो उन्होंने रिकॉर्ड समय में प्रभावी वैक्सीन हमें दी है और दिन-रात इस वायरस के बदलते स्वरूप से बचने के प्रभावी उपाय ढूँढ़ रहे हैं।

आज इस महामारी ने मानव सभ्यता के समक्ष जो चुनौती प्रस्तुत की है, उससे पार पाने के लिए सरकार के साथ-साथ आम लोगों की भागीदारी भी उतनी ही आवश्यक है। बहुतों ने अपनों को खोया है। कोरोना की दूसरी लहर के दौरान बहुत से युवा लोगों की जानें गई हैं। उनके परिवारों के लिए आज संकट की घड़ी है। इस कठिन समय में हमें कठिनाई में पड़े लोगों का दामन थामना होगा, उन्हें सहारा देना होगा। निश्चय ही सामूहिक प्रयास से हम इस कठिन दौर से निकल सकेंगे।

□

# 8

# भारत में संसदीय परंपराओं के सौ साल

आज इस देव और पवित्र भूमि के विधानसभा सभागार में 82वें अखिल भारतीय पीठासीन अधिकारियों के सम्मेलन के ऐतिहासिक कार्यक्रम में उपस्थित माननीय लोकसभा अध्यक्ष श्री ओम बिड़लाजी, राज्यसभा के माननीय उप-सभापति श्री हरिवंशजी, हिमाचल प्रदेश के माननीय मुख्यमंत्री श्री जयराम ठाकुरजी, केंद्रीय मंत्रिमंडल के माननीय मंत्रीगण, देश भर की विभिन्न विधानसभाओं व विधान परिषदों के माननीय अध्यक्ष एवं उपाध्यक्षगण, लोकसभा सचिवालय एवं विधानसभा सचिवालय के तमाम पदाधिकारीगण/कर्मचारीगण तथा इस कार्यक्रम में उपस्थित अन्य प्रतिभागीगण! आज इस प्रतिष्ठित सभा को संबोधित करना वास्तव में एक सम्मान की बात है, जिसके लिए मैं इस सभा के प्रति हृदय से अपनी कृतज्ञता व्यक्त करता हूँ।

आज का यह कार्यक्रम ऐतिहासिक केवल इस कारण से नहीं है कि सितंबर 1921 में आज से 100 साल पहले पीठासीन अधिकारियों की पहली बैठक इस ऐतिहासिक धरती पर आयोजित की गई थी, बल्कि यह कार्यक्रम इसलिए भी ऐतिहासिक है कि 100 वर्ष पूर्व 12 फरवरी, 1921 को वर्तमान संसद् भवन और तब के केंद्रीय विधानसभा की आधारशिला ड्यूक ऑफ कनॉट प्रिंस आर्थर के द्वारा रखी गई थी। छह वर्ष के बाद 18 फरवरी, 1927 को जब संसद् भवन की प्राचीर का उद्घाटन तत्कालीन वायसराय लॉर्ड इरविन के द्वारा किया गया, तब इमारत के मुख्य वास्तुकार हरबर्ट बेकर ने उन्हें सोने

की चाबी प्रस्तुत की थी। उस समय न तो बेकर ने और न ही इरविन ने यह सोचा होगा कि इस चाबी से वे संसद् भवन की प्राचीर का ही नहीं, बल्कि भारत की स्वतंत्रता का दरवाजा खोल रहे थे।

20 वर्ष के बाद 1947 में संसद् भवन की वही प्राचीर भारत की स्वतंत्रता की प्रत्यक्षदर्शी बनी और प्रथम प्रधानमंत्री पं. जवाहरलाल नेहरू के कालजयी भाषण tryst with destiny के माध्यम से करोड़ों भारतवासियों की भावनाओं की गूँज से प्रकाशित हुआ। आज का यह कार्यक्रम इसलिए भी ऐतिहासिक है कि वर्ष 1925 में इसी ऐतिहासिक शहर में आयोजित केंद्रीय विधानसभा के सत्र में विट्ठल भाई पटेल को अध्यक्ष निर्वाचित किया गया था। महान् स्वतंत्रता सेनानी विट्ठल भाई ने जब पद ग्रहण किया तो उन्होंने कहा कि—

***20 वर्ष के बाद 1947 में संसद् भवन की वही प्राचीर भारत की स्वतंत्रता की प्रत्यक्षदर्शी बनी और प्रथम प्रधानमंत्री पं. जवाहरलाल नेहरू के कालजयी भाषण tryst with destiny के माध्यम से करोड़ों भारतवासियों की भावनाओं की गूँज से प्रकाशित हुआ।***

*'मैं इस क्षण से किसी पार्टी का नहीं हूँ,*
*मैं सभी पार्टियों का हूँ।'*

यह ऐतिहासिक क्षण उस महान् देशभक्त को भी याद करने का है, जो आज भी हम सभी पीठासीन अधिकारियों को दलीय भावना से ऊपर उठकर काम करने का रास्ता दिखाते हैं।

आजादी से पहले संसदीय परंपराओं का विकास देश में चल रहे स्वतंत्रता आंदोलन से अत्यधिक प्रभावित था, जहाँ एक ओर गोपाल कृष्ण गोखले की संसदीय परंपरा हमें सिखाती है कि किस प्रकार सरकारी बहुमत की मजबूत स्थिति के बावजूद भी कठिन-से-कठिन परिस्थिति में भी संसदीय परंपराओं में पारंगत व्यक्ति लोकहित के मुद्दों को सदन में मजबूती से रख सकता है, वहीं स्वराज पार्टी के देशबंधु चितरंजन दास और मोतीलाल नेहरू

की परंपरा हमें यह शिक्षा देती है कि व्यवधान का सकारात्मक प्रयोग राष्ट्रहित में कैसे किया जा सकता है।

स्वतंत्रता प्राप्ति के पश्चात् सदन के संचालन के विषय में लोकसभा के प्रथम अध्यक्ष मावलंकरजी के द्वारा दिया गया नियमन मुझे अत्यंत ही सारगर्भित प्रतीत होता है। सदन में स्थगन प्रस्ताव को अस्वीकृत करते हुए मावलंकरजी ने कहा था—

***Successive Speakers of the Central Legislative Assembly, including myself, had cons-derably relaxed the rule of admission as it prevailed in the House of Commons, for the obvious reason that private members, who were in opposition, had few opportunities of discussing matters of public importance.***

"Successive Speakers of the Central Legislative Assembly, including myself, had cons-derably relaxed the rule of admission as it prevailed in the House of Commons, for the obvious reason that private members, who were in opposition, had few opportunities of discussing matters of public importance. The government then was not responsible to the Legislature, nor were they amenable to its control. There was, therefore, good ground for the presiding officers to relax the rule and allow opportunities for discussion of all important questions on adjournment motions. The conditions now have entirely changed and, therefore, in the new set up with the various opportunities and the responsive and responsible character of the government, we cannot look upon an adjournment motion as a normal device for raising discussion on any important matter."

आज हमारे संसदीय लोकतंत्र के सदस्य उन मुद्दों पर अपनी पार्टी का समर्थन करने के लिए बाध्य हैं, जहाँ वोट के विभाजन की आवश्यकता होती है, लेकिन साथ ही उन्हें अपने ही लोगों के लाभ में राजनीतिक संबद्धता की

परवाह किए बिना सवाल उठाने की स्वतंत्रता दी जाती है। सदस्यों की वाक् और अभिव्यक्ति की स्वत्रंता और दलीय प्रणाली के बीच अच्छा संतुलन स्थापित किया गया है, जो संसदीय लोकतंत्र के लिए मील का पत्थर है।

हमारे पूर्वजों द्वारा हमें दी गई यह सुंदर व्यवस्था तभी फलीभूत हो सकती है, जब हम लोकतंत्र के मूल सिद्धांतों को स्वीकार करते हैं कि 'राज्य बहुमत की राह पर चलेगा, पर विपक्ष की सुनेगा।'

यह सच है कि स्वतंत्रता के दौरान एक लोकतांत्रिक राष्ट्र के रूप में भारत के अस्तित्व के बारे में संदेह व्यक्त किया गया था एवं निरक्षरता, गरीबी, सामाजिक विविधता और कम अनुभवों का उदाहरण देकर भारत में लोकतंत्र की विफलता के बारे में भविष्यवाणी की गई थी। आज हम गर्व से कह सकते हैं कि हमारे देश ने न केवल उन आशंकाओं को गलत साबित कर दिया है, बल्कि इक्कीसवीं सदी की दुनिया भारत को एक महत्त्वपूर्ण लोकतांत्रिक शक्ति के रूप में देख रही है।

***यह सच है कि स्वतंत्रता के दौरान एक लोकतांत्रिक राष्ट्र के रूप में भारत के अस्तित्व के बारे में संदेह व्यक्त किया गया था एवं निरक्षरता, गरीबी, सामाजिक विविधता और कम अनुभवों का उदाहरण देकर भारत में लोकतंत्र की विफलता के बारे में भविष्यवाणी की गई थी।***

वर्तमान पीढ़ी के लिए यह समझना बहुत जरूरी है कि भारत में लोकतंत्र क्यों इतना सफल हुआ है? हम सभी ने तेरहवीं शताब्दी के मैग्नाकार्टा के बारे में सुना है। कुछ विद्वानों ने इसे लोकतंत्र का आधार स्तंभ माना है, लेकिन यह भी उतना ही सच है कि भगवान् बसवेश्वर का अनुभव मंडप बारहवीं शताब्दी में मैग्नाकार्टा से भी पूर्व में भारत में अस्तित्व में आया था। वैशाली का गणतंत्र और तमिलनाडु की समिति व्यवस्था यह स्थापित करती है कि किस प्रकार लोकतांत्रिक व्यवस्थाएँ हमारी संस्कृति में रची-बसी हैं।

अखिल भारतीय पीठासीन अधिकारी सम्मेलन विगत सौ वर्षों में संवाद

और चर्चा के लिए एक महत्त्वपूर्ण मंच रहा है, जो निश्चित रूप से एक-दूसरे से सीखने का महत्त्वपूर्ण उपकरण है।

सन् 1921 में आयोजित पहले सम्मेलन में इस बात की सहमति हुई थी कि विधान परिषद् और विधानसभा स्वतंत्र संस्थाएँ हैं।

सन् 1962 में चीनी आक्रमण के पश्चात् भारत में आपात स्थिति के मद्देनजर बदलती जरूरतों और परिस्थितियों के अनुरूप सम्मेलन की भूमिका पर जोर देते हुए फरवरी 1963 में चंडीगढ़ में आयोजित अपने संबोधन में माननीय अध्यक्ष सरदार हुकुम सिंह ने कहा था कि—"The Presiding Officers at this moment really have a very responsible part to play during this emergency. It is a double-fold task. They have to see that parliamentary institutions are maintained and individual liberty also remains intact." आजादी के बाद हमने देखा है कि कैसे विधायिकाएँ आम नागरिकों की आकांक्षाओं का केंद्र रही हैं। विगत वर्षों में विधायिकाओं ने विभिन्न स्तरों पर नागरिकों द्वारा सामना की जानेवाली चुनौतियों में मुद्दों का समाधान करने का कार्य किया है। चाहे उनके संवैधानिक अधिकारों की बात हो अथवा राष्ट्र की आशा और आकांक्षाओं को पूर्ण करने का विषय हो, विधायिका सबसे आगे रही हैं। हमारे संविधान निर्माताओं ने हमें उत्कृष्ट संविधान दिया है, जिसमें एक लोकतांत्रिक भारत का मार्ग प्रशस्त किया है। हमें यह भी कभी नहीं भूलना चाहिए कि देश की आजादी के मार्ग पर लाखों लोगों ने अपने प्राणों की आहुति दी है। एक संस्था के रूप में विधायिका की सबसे बड़ी जिम्मेदारी लोकतंत्र को बचाए रखने की है। यह सुनिश्चित करने के लिए कोई कसर नहीं छोड़ी जानी चाहिए कि हमारी विधायिकाएँ लोकतंत्र

***The Presiding Officers at this moment really have a very responsible part to play during this emergency. It is a double-fold task. They have to see that parliamentary institutions are maintained and individual liberty also remains intact.***

को मजबूती प्रदान करने की दिशा में काम करती रहें। हमने भी विगत वर्षों में एक प्रवृत्ति देखी है कि भारत की स्वतंत्रता के शुरुआती दशकों की तुलना में विधायिकाओं की कार्य अवधि काफी कम हो गई है। विधायिका राष्ट्र की नींव का एक महत्त्वपूर्ण स्तंभ है। विधायिकाओं की घटती कार्य अवधि राष्ट्र-निर्माण की विधायी संस्थाओं के द्वारा निभाई जानेवाली भूमिका के लिए निश्चित ही शुभ संकेत नहीं है। सभी विधायिकाओं को यह सुनिश्चित करने के लिए मिलकर काम करना होगा कि कैसे विधायिका को अधिक प्रभावी बनाया जाए। निर्वाचित प्रतिनिधियों के रूप में हमारी सबसे बड़ी जिम्मेदारी आम लोगों के प्रति है, जिन्होंने हमें समाज और प्रदेश की प्रगति सुनिश्चित करने के उद्देश्य से चुनकर सदन के अंदर भेजा है। झारखंड विधानसभा ने गत 21 वर्षों की छोटी सी अवधि में संसदीय प्रथाओं के उत्कृष्ट उदाहरण भी प्रस्तुत किए हैं।

***हमारे विधानसभा के अंदर मुख्यमंत्री प्रश्नकाल की व्यवस्था है। इसके माध्यम से माननीय सदस्य सीधे मुख्यमंत्री से सप्ताह में एक दिन सोमवार को नीतिगत प्रश्न कर सकते हैं। अनागत क्रियान्वयन समिति का गठन किया गया है। यह समिति ऐसे प्रश्नों पर काररवाई करती है, जो समय की कमी के कारण सदन में अनुत्तरित रह जाते हैं।***

महोदय, हमारे विधानसभा के अंदर मुख्यमंत्री प्रश्नकाल की व्यवस्था है। इसके माध्यम से माननीय सदस्य सीधे मुख्यमंत्री से सप्ताह में एक दिन सोमवार को नीतिगत प्रश्न कर सकते हैं। अनागत क्रियान्वयन समिति का गठन किया गया है। यह समिति ऐसे प्रश्नों पर काररवाई करती है, जो समय की कमी के कारण सदन में अनुत्तरित रह जाते हैं। सदन के पटल पर सरकार के द्वारा दिए गए आश्वासनों की समीक्षा करने के लिए झारखंड विधानसभा में एक सरकारी आश्वासन समिति का भी सृजन किया गया है, जो निरंतर कार्य करती है। इन व्यवस्थाओं का लाभ सदस्यों एवं आमजनों द्वारा स्पष्ट रूप से महसूस किया जा रहा है।

मेरे कार्यकाल के दौरान मैंने तीन प्राथमिकताएँ निश्चित की हैं। एक सदन के सत्र का अधिकतम सदुपयोग प्रभावी ढंग से हो, इस उद्देश्य हेतु झारखंड विधानसभा में ई-विधान को जल्दी-से-जल्दी लागू करने का प्रयास किया जा रहा है। इसी दिशा में विधानसभा सचिवालय को केंद्र और राज्य सरकार से अपेक्षित सहयोग प्राप्त हो रहा है। दूसरा मैंने सदन की काररवाई और सदन के अनुरूप गतिविधियों को भी आम लोगों के समक्ष लाने का फैसला लिया है। इसी उद्देश्य को ध्यान में रखते हुए मैंने यू-ट्यूब पर झारखंड विधानसभा टी.वी. की शुरुआत की है और इसे आमजन के लिए बेहतर और लाभकारी बनाने के लिए निरंतर प्रयासरत हूँ। इसमें मैं लोकसभा अध्यक्ष से सहयोग की अपेक्षा करता हूँ। तीसरा मैंने अपने युवा पीढ़ी के मध्य संसदीय प्रक्रिया के बारे में और अधिक जागरूकता लाने के लिए एक फैसला किया है, ताकि युवाओं के मध्य लोकतांत्रिक मूल्यों के प्रति और अधिक विश्वास पैदा हो सके। साथ ही हम राजनीतिक नेतृत्व के गुण को विकसित कर सकें। इस लक्ष्य की पूर्ति के लिए हमारी विधानसभा ने कुछ दिन पहले एक छात्र संसद् का आयोजन किया, जिसमें झारखंड के अंदर जितने विश्वविद्यालय हैं, उन सारे विश्वविद्यालयों से जो इच्छुक विद्यार्थी हैं, उन्होंने आवेदन किया और एक इंटरव्यू के माध्यम से प्रश्नों को समावेशित किया गया, जो हमें लगता है कि पब्लिक सर्विस कमीशन में भी प्रश्न पूछे जाते हैं, के माध्यम से 26 छात्रों को हमने चयनित किया।

***मेरे कार्यकाल के दौरान मैंने तीन प्राथमिकताएँ निश्चित की हैं। एक सदन के सत्र का अधिकतम सदुपयोग प्रभावी ढंग से हो, इस उद्देश्य हेतु झारखंड विधानसभा में ई-विधान को जल्दी-से-जल्दी लागू करने का प्रयास किया जा रहा है।***

'झारखंड वृक्ष संरक्षण विधेयक' को पारित किया गया। इसके लिए हमने शैडो असेंबली का निर्माण किया और इसके साथ हमने उन लोगों से चर्चा भी करवाई। उस असेंबली में बिल भी रखा गया, उसमें पूरी बहस भी

की गई और उसे पारित भी किया गया, यानी कि विधायी प्रक्रिया के जितने भी आयाम हैं, उसमें सारी प्रक्रिया को पूरा किया गया।

महोदय, मुझे इस बात को कहने में बहुत आनंद महसूस हो रहा है कि इसमें 50 प्रतिशत से अधिक प्रतिभागी महिलाएँ थीं और महिला सशक्तीकरण की दिशा में भी यह बहुत महत्त्वपूर्ण चीज है।

आज इस ऐतिहासिक अवसर पर मुझे बोलने का अवसर देने के लिए अध्यक्ष महोदय, मैं आपका हृदय से धन्यवाद करता हूँ और मैं हमारे राज्य के ऊर्जावान मुख्यमंत्री श्री हेमंत सोरेनजी को भी धन्यवाद देता हूँ कि उन्होंने भी मुझे यहाँ आने के लिए प्रेरित किया। मैं गुरु रबींद्रनाथ ठाकुर के कुछ शब्द, जो कि 'गीतांजलि' के हैं, को उद्धृत करते हुए अपने संक्षिप्त वक्तव्य को समाप्त करना चाहता हूँ—

**जहाँ मन हो भय से मुक्त और सिर फख्र से ऊँचा,**
**जहाँ ज्ञान हमारा हो आजाद,**
**जहाँ दुनिया न हो टूटी-बिखरी**
**संकीर्ण घटिया दीवारों के जरिए,**
**जहाँ सच की गहराई से निकलकर बाहर उतरें शब्द,**
**जहाँ कोशिशें बिना थके फैलाएँ अपनी बाँहें,**
**सबसे बेहतरीन को पाने,**
**जहाँ रूढ़ आदतों की मरुस्थली रेत में**
**वजहों को तलाशती निर्मल धाराएँ**
**न भटक गई हों अपनी राह**
**जहाँ ( मैं से उबरकर ) 'आप' को पाने**
**निरंतर विस्तार पाते विचारों और कर्मों की ओर**
**मन बढ़ता हो आगे**
**मेरे परमेश्वर!**
**मेरे देश को जाग्रत् करें**
**स्वतंत्रता के स्वर्ग की ओर।**

□

9

# छोटे राज्यों के गठन की आवश्यकता एवं औचित्य

सैद्धांतिक रूप से राज्य आकार में बड़े हों अथवा छोटे हों, इस विषय में छोटे और बड़े दोनों ही तरह के राज्यों के अपने फायदे अथवा नुकसान होते हैं। छोटे राज्यों में क्षेत्रीय विषयों पर सरकार का ध्यान आकृष्ट किया जाना एवं उन समस्याओं का समाधान किया जाना ज्यादा आसान है। सरकार एवं नौकरशाही राज्य के प्रत्येक क्षेत्र के विकास के लिए ज्यादा जागरूक हो सकती है। इससे आमजन के सशक्तीकरण में राज्य ज्यादा-से-ज्यादा सफल हो सकता है, जो कि कल्याणकारी राज्य का मूल उद्देश्य होना चाहिए। छोटे राज्यों में सरकार के अलावा अन्य संस्थाओं की भी पृथक् उपलब्धता के कारण उनकी कार्यदक्षता में बढ़ोतरी होती है एवं आमजनों की सुविधाएँ बढ़ती हैं। राजकीय आय एवं संसाधनों का बँटवारा ज्यादा समान तरीके से संभव हो पाता है। निस्संदेह इन सभी कारकों के प्रभाव से छोटे राज्यों में विकास की और विशेषकर समादेशी विकास की संभावनाएँ अधिक होती हैं, हालाँकि छोटे राज्यों के संबंध में सैद्धांतिक रूप से कुछ नकारात्मक पहलू भी हैं, जैसे पृथक् संस्थाओं की व्यवस्था करने में राजकीय कोष के अत्यधिक व्यय की संभावना से इनकार नहीं किया जा सकता। जहाँ तक बड़े राज्यों का विषय है तो निश्चित ही बड़े राज्य राजनीतिक और आर्थिक रूप से संघ में ज्यादा प्रभावी होते हैं। उदाहरण के लिए देश के राजनीतिक पटल पर बड़े राज्यों, जैसे उत्तर प्रदेश के प्रभाव से इनकार नहीं किया जा सकता।

हालाँकि प्रशासनिक एवं जनकल्याण के दृष्टिकोण से छोटे राज्य निश्चित ही ज्यादा प्रभावी हैं। संयुक्त राज्य अमेरिका, जिसकी जनसंख्या भारत के मुकाबले एक-चौथाई भर है, वहाँ राज्यों की संख्या 51 है। इसके मुकाबले भारत में तेलंगाना के निर्माण के बाद भी राज्यों की संख्या 29 है।

संविधान निर्माता डॉ. भीमराव आंबेडकर छोटे राज्यों के हिमायती थे। डॉ. आंबेडकर ने राज्य पुनर्गठन आयोग की रिपोर्ट की समीक्षा करते हुए लिखा था कि आयोग ने अपनी रिपोर्ट में राज्यों के आकार के विषय को कोई महत्त्व नहीं दिया है।

हालाँकि 565 रजवाड़ों के विलय की समस्या के साथ विभाजन की पृष्ठभूमि में राज्यों के निर्माण का विषय देश की आजादी के समय मात्र प्रशासनिक नहीं था। धर्म के आधार पर देश के बँटवारे ने देश के तत्कालीन शीर्ष नेतृत्व को राज्यों के निर्माण के बारे में कांग्रेस की पूर्व निर्धारित नीति को परिवर्तित करने पर मजबूर कर दिया। सन् 1920 में नागपुर अधिवेशन में कांग्रेस ने औपनिवेशिक प्रशासनिक मानचित्र को बदलकर आजाद भारत में भाषा के आधार पर राज्य के गठन का प्रस्ताव स्वीकार किया था। महात्मा गांधी ने भी भाषायी आधार पर राज्यों के गठन को उचित माना था।

***संविधान निर्माता डॉ. भीमराव आंबेडकर छोटे राज्यों के हिमायती थे। डॉ. आंबेडकर ने राज्य पुनर्गठन आयोग की रिपोर्ट की समीक्षा करते हुए लिखा था कि आयोग ने अपनी रिपोर्ट में राज्यों के आकार के विषय को कोई महत्त्व नहीं दिया है।***

परंतु आजादी के बाद की बदली हुई परिस्थिति में पं. नेहरू और सरदार पटेल दोनों ही शीर्ष नेता इस बात पर सहमत थे कि भाषायी आधार पर राज्यों का विभाजन देश की अखंडता के लिए घातक होगा, लेकिन आजादी के तुरंत बाद भाषायी आधार पर राज्यों के निर्माण की माँगें उठने लगीं, जिसमें सबसे प्रमुख आंध्र प्रदेश के निर्माण की माँग थी। भाषायी आधार पर राज्यों के गठन

के विषय पर पहली बार पं. नेहरू, वल्लभ भाई पटेल एवं पट्टाभि सीतारमैया की तीन सदस्यीय कमिटी जिसे J.V.P. कमिटी भी कहा गया, ने अपनी रिपोर्ट सौंपी, जिसमें भाषायी आधार पर राज्यों के निर्माण की विचारधारा को गलत बताया गया।

1950 आते-आते दक्षिण भारत में इस विरोध ने व्यापक रूप ले लिया और 15 दिसंबर, 1952 को पोट्टी श्री मल्लु की 58 दिनों की भूख हड़ताल के बाद उनकी मृत्यु हो गई तो विरोध की लहर इतनी व्यापक हो गई कि केंद्र सरकार के पास राज्य पुनर्गठन आयोग के गठन के अलावा कोई दूसरा विकल्प नहीं रह गया। सर्वोच्च न्यायालय के सेवानिवृत्त मुख्य न्यायाधीश श्री एस. फजल अली की अध्यक्षता में के.एम. पणिक्कर और एच.एन. कुंजरू के साथ तीन सदस्यीय समिति का गठन किया गया।

*1950 आते-आते दक्षिण भारत में इस विरोध ने व्यापक रूप ले लिया और 15 दिसंबर, 1952 को पोट्टी श्री मल्लु की 58 दिनों की भूख हड़ताल के बाद उनकी मृत्यु हो गई तो विरोध की लहर इतनी व्यापक हो गई कि केंद्र सरकार के पास राज्य पुनर्गठन आयोग के गठन के अलावा कोई दूसरा विकल्प नहीं रह गया।*

वर्ष 1954 से 1955 के बीच 104 शहरों का भ्रमण कर 9 हजार लोगों से बातचीत कर और 1,52,250 आवेदनों पर विचार करने के उपरांत समिति ने अक्तूबर 1955 में अपनी रिपोर्ट सरकार को प्रस्तुत की। इस रिपोर्ट के अनुसार भाषायी आधार पर राज्यों का गठन किया गया और उस समय कुल चौदह राज्य और दो केंद्रशासित प्रदेश बनाए गए, परंतु भाषा के आधार पर राज्यों के गठन की जो माँग उस समय उठाई गई, इसकी परिणति कालांतर में क्षेत्रीय विषमताओं, रहन-सहन आदि के आधार पर राज्यों के निर्माण के लिए उठने लगी। इस प्रकार 1960 में बंबई से विभक्त कर भाषायी आधार पर महाराष्ट्र और गुजरात का निर्माण किया गया। 1963 में नागालैंड को असम से अलग

किया गया। 1966 में पंजाब से रहन-सहन और भाषा के आधार पर हरियाणा और हिमाचल प्रदेश को अलग किया गया। 1972 में पुनः असम से मेघालय, मणिपुर और त्रिपुरा अलग राज्य बनाया गया। 1975 में सिक्किम के भारत में विलय के बाद यह एक नया राज्य बना। 1987 में गोवा और अरुणाचल प्रदेश को, जो पूर्व में केंद्रशासित प्रदेश थे, को राज्य बनाया गया। वर्ष 2000 में उत्तर प्रदेश से अलग कर उत्तराखंड राज्य बनाया गया, बिहार से अलग झारखंड राज्य बनाया गया और मध्य प्रदेश से छत्तीसगढ़ राज्य का निर्माण किया गया। वर्ष 2014 में तेलंगाना आंध्र प्रदेश से अलग होकर भारत का 29वाँ राज्य बना।

वर्तमान में राजनीतिक दलों एवं स्थानीय जनों द्वारा दिल्ली, पूर्वांचल, बुंदेलखंड, अवध प्रदेश, पश्चिम प्रदेश, हरित प्रदेश, बोडोलैंड, सौराष्ट्र और गोरखालैंड जैसे राज्यों के निर्माण की माँगें उठती रही हैं। इस प्रकार भारतवर्ष में राज्यों का गठन और राज्यों का आकार प्रशासनिक से ज्यादा राजनीतिक आवश्यकताओं के आधार पर हुआ।

***वर्तमान में राजनीतिक दलों एवं स्थानीय जनों द्वारा दिल्ली, पूर्वांचल, बुंदेलखंड, अवध प्रदेश, पश्चिम प्रदेश, हरित प्रदेश, बोडोलैंड, सौराष्ट्र और गोरखालैंड जैसे राज्यों के निर्माण की माँगें उठती रही हैं। इस प्रकार भारतवर्ष में राज्यों का गठन और राज्यों का आकार प्रशासनिक से ज्यादा राजनीतिक आवश्यकताओं के आधार पर हुआ।***

भारत जैसा देश, जो क्षेत्रीय विविधताओं से परिपूर्ण है एवं आजादी से पूर्व अंग्रेजी हुकूमत के दौरान ब्रिटिश भारत और रजवाड़ों के बीच प्रशासनिक वर्गीकरण के कारण जनमानस के बीच रहन-सहन, भाषा, संस्कृति, धर्म, विचारधारा आदि के आधार पर, जो विभेद विकसित हुए, उसे संघीय ढाँचे में सुरक्षित रखने के लिए यह आवश्यक है कि विविधताओं को सुरक्षित रखते हुए राष्ट्रीय एकता को अक्षुण्ण रखने का प्रयास किया जाए। भारत एक राष्ट्र-राज्य नहीं, अपितु राज्य-राष्ट्र है, अर्थात् इसमें कई सारी राष्ट्रीयताएँ मिलकर

भारतीय राष्ट्रीयता का निर्माण करती हैं। ऐसा इसलिए क्योंकि भारत विविध धर्मों, पंथों, भाषाओं, रीति-रिवाजों आदि का अद्‌भुत संगम है।

राज्यों के निर्माण के विषय में रामचंद्र गुहा के विचार बड़े ही प्रासंगिक हैं—

"राष्ट्र-निर्माण के इतिहास के लिहाज से सिर्फ सोवियत संघ में हुए प्रयोगों की तुलना भारत से की जा सकती है। सोवियत संघ में भी विभिन्न और परस्पर अलग-अलग जातीय समूह, धर्म, भाषायी समुदाय और सामाजिक वर्गों के बीच एकता का अभाव कायम करना पड़ा। जिस पैमाने पर यह कार्य हुआ, चाहे भौगोलिक पैमाने के लिहाज से देखें या जनसंख्यागत वैविध्य के लिहाज से, वह अपने आप में बहुत व्यापक कहा जाएगा। दोनों ही जगह राज्य को जिस कच्ची सामग्री से राष्ट्र-निर्माण की शुरुआत करनी थी, वह समान रूप से दुष्कर थी। लोग धर्म के आधार पर बँटे हुए और कर्ज तथा बीमारी से दबे हुए थे।"

इस प्रकार भारत में राज्यों का निर्माण नीति-निर्माताओं के लिए प्रशासनिक सुगमता एवं राष्ट्र की अखंडता के बीच सामंजस्य बिठाने का अविरल प्रयास रहा है। अपनी पृथक् राजनीतिक परिस्थितियों के आधार पर छोटे राज्य आँकड़ों के आधार पर सफल या असफल बताए जा सकते हैं, परंतु भारत जैसा देश जहाँ एक ही राज्य के अंदर भी अनेक मुखर उपराष्ट्रवाद प्रचुरता में मौजूद हों वहाँ मानचित्रों में बदलाव के दौरान प्रशासनिक सुगमता और राष्ट्रीय अखंडता दोनों का ध्यान रखा जाना हमेशा महत्त्वपूर्ण रहेगा। □

10

# स्वतंत्रता संग्राम में हूल, समानांतर सरकार गठन की पहली घटना

आदिवासी सभ्यता और संस्कृति के प्रति इतिहास लेखन वास्तव में विलियम जोन्स के एशियाटिक सोसाइटी के छद्म वैज्ञानिक पूर्वग्रह से अब तक पूरी तरह उबर नहीं पाया है। पिछले हूल दिवस पर मैंने चर्चा की थी, किस प्रकार वास्तव में संथाल हूल अंग्रेजी हुकूमत के खिलाफ भारत का पहला स्वाधीनता संग्राम था। इस विषय पर वृहत् शोध और लेखन कार्य को विषय के विशेषज्ञों पर छोड़ता हूँ, परंतु जो बात मैंने शुरू की थी, उस कड़ी को आगे बढ़ाते हुए मैं आप पाठकों के समक्ष संथाल हूल के परिप्रेक्ष्य में इस आलेख के माध्यम से दो महत्त्वपूर्ण बातें रखूँगा। पहला तो यह कि जन-भागीदारी, सहयोग और रणनीति के दृष्टिकोण से इस आंदोलन का स्वरूप एक जनआंदोलन का था। विशाल और प्रशिक्षित ब्रिटिश सेना के समक्ष जिस प्रकार गुरिल्ला तकनीक का प्रयोग इस आंदोलन में किया गया, वह लंबे समय तक क्रांतिकारियों के लिए प्रेरणा का स्रोत रहा होगा।

दूसरा समानांतर सरकारों की स्थापना, जो बहुत बाद में 'भारत छोड़ो आंदोलन' के समय चर्चा और इतिहास लेखन का विषय बनी, वह घटना इस आंदोलन के दौरान वृहत् रूप से परिभाषित हुई।

संथाल विद्रोह भारत के स्वतंत्रता इतिहास में मील का पत्थर साबित हुआ, जो अपनी पूर्ववर्ती विद्रोह से काफी व्यापक और उत्तरवर्ती आंदोलनों के लिए हमेशा प्रेरणादायी रहा। इसकी पृष्ठभूमि में लॉर्ड कार्नवालिस के

द्वारा स्थापित राजस्व की स्थायी बंदोबस्ती और जटिल न्यायिक व्यवस्था थी, जबकि विद्रोह की तत्कालीन परिस्थितियों के लिए आदिवासी पारंपरिक समस्याओं पर फिरंगी व्यवस्था का प्रहार, पुलिसिया उत्पीड़न तथा महाजनी व्यवस्था उत्तरदायी रही। स्थायी बंदोबस्ती के तहत भूमि के स्वामित्व का अधिकार जमींदारों को दे दिया गया तथा भूमि के स्वरूप को पैतृक और हस्तांतरणीय बना दिया गया, जिसमें रैयतों के परंपरागत अधिकार छिन गए थे। वे जमींदारों की प्रजा मान लिये गए। इस व्यवस्था के तहत भू-राजस्व में कंपनी का हिस्सा 90 प्रतिशत और जमींदारों का हिस्सा 10 प्रतिशत निर्धारित किया गया। कृषकों की तकदीर और हिस्से जमींदारों के द्वारा लिखे जाने लगे। अंग्रेज अधिकारी जमींदारों से सूर्यास्त कानून के तहत एक सीमित कालखंड में बंदोबस्त किए गए लगान वसूल करते थे, समय पर लगान नहीं देने पर भूमि की नीलामी हो जाती थी। स्थायी बंदोबस्ती इंग्लैंड की सामंती व्यवस्था की तर्ज पर रची गई थी, जो कंपनी को पूर्व आकलित आय की सुनिश्चितता प्रदान कर रही थी और अधिकारियों को बार-बार राजस्व के आकलन जैसे कार्यों से निजात भी दे रही थी। कंपनी के अधिकारी, जमींदार, बिचौलिया, महाजन, पट्टीदार इन सभी की मिलीभगत से जो बोझ रैयतों पर पड़ा, जिसकी परिणति 30 जून, 1855 को हूल क्रांति के रूप में हुई।

***अंग्रेज अधिकारी जमींदारों से सूर्यास्त कानून के तहत एक सीमित कालखंड में बंदोबस्त किए गए लगान वसूल करते थे, समय पर लगान नहीं देने पर भूमि की नीलामी हो जाती थी। स्थायी बंदोबस्ती इंग्लैंड की सामंती व्यवस्था की तर्ज पर रची गई थी, जो कंपनी को पूर्व आकलित आय की सुनिश्चितता प्रदान कर रही थी और अधिकारियों को बार-बार राजस्व के आकलन जैसे कार्यों से निजात भी दे रही थी।***

संथाल शांतिप्रिय, विनम्र लोग हैं, जिनका मुख्य पेशा कृषि और आखेट रहा था। आरंभ काल में मानभूम, धालभूम, हजारीबाग, मिदनापुर, बाकुड़ा एवं

बीरभूम आदि इलाकों में इनकी बसावट थी। इस इलाके में भूमि बंदोबस्ती का गहरा प्रभाव पड़ने के उपरांत बाहरी तत्त्व सूदखोरों, व्यापारियों, ठेकेदारों और जमीन हड़पनेवाली व्यवस्था इतनी मजबूत हो गई कि अधिकतर संथाल समुदाय के लोगों को यहाँ से पलायन करना पड़ा। सीधे-सादे लोगों को ऋण के कुचक्र में इस प्रकार फँसाया जाता था कि उनसे 50 प्रतिशत से 500 प्रतिशत तक के ब्याज वसूले जाते थे।

'कोलकाता रिव्यू' नामक एक समाचार-पत्र में प्रकाशित लेख आदिवासियों की पीड़ा इस प्रकार बयान करता है कि उनके द्वारा उपज, पशु स्वयं एवं उनके परिवार को गुलामी हेतु विवश होने के उपरांत भी बकाया ब्याज रह जाता था। कालांतर में संथाल अपने मूल स्थान से पलायन कर राजमहल की पहाड़ियों के इर्द-गिर्द बसने लगे, जो दामिन-ए-कोह से नाम से जाना गया। वहाँ की पहाड़ी बंजर भूमि को मेहनत से कृषि योग्य बनाया गया, परंतु जमींदारों एवं बाहरी तत्त्वों ने वहाँ भी इन सामाजिक शांतिप्रिय लोगों को नहीं छोड़ा। दुमका के तत्कालीन उपायुक्त ए. आर. थैंपसन ने लिखा है कि संथाल आदिवासी महेशपुर और पाकुड़ के राजाओं से नफरत करते थे, क्योंकि वे गैर-आदिवासियों को गाँव का पट्टा दे दिया करते थे। कंपनी की न्याय व्यवस्था लचर होने के कारण आदिवासियों की पीड़ा बढ़ती गई और उनकी इस पीड़ा ने एक बड़े जनआंदोलन की जमीन तैयार की। कंपनी के अधिकारी दीवानी अधिकार तो अपने पास रखते थे, परंतु फौजदारी कानून को लेकर वह एकमत नहीं थे। इन परिस्थितियों में संथाल आदिवासियों के पास व्यवस्था के खिलाफ विद्रोह के अलावा कोई रास्ता नहीं

> ***कालांतर में संथाल अपने मूल स्थान से पलायन कर राजमहल की पहाड़ियों के इर्द-गिर्द बसने लगे, जो दामिन-ए-कोह से नाम से जाना गया। वहाँ की पहाड़ी बंजर भूमि को मेहनत से कृषि योग्य बनाया गया, परंतु जमींदारों एवं बाहरी तत्त्वों ने वहाँ भी इन सामाजिक शांतिप्रिय लोगों को नहीं छोड़ा।***

बचा। वर्तमान साहेबगंज जिला एवं भोगनाडीह गाँव उस ऐतिहासिक घटना का साक्षी बना, जब सिद्धू-कान्हो चाँद और भैरो के नेतृत्व में हजारों-हजार की संख्या में संथालों ने एकत्र होकर डीक शासन (अंग्रेजी हुकूमत) की समाप्ति का आह्वान कर दिया, जिसे आज हम हूल दिवस के रूप में याद कर रहे हैं।

1857 से ठीक पूर्व हूल एक ऐसी क्रांति थी, जिसने उस दौर में औपनिवेशिक सत्ता को हिलाकर रख दिया। भोगनाडीह से आदिवासियों ने आह्वान कर दिया कि अब हमारे ऊपर कोई सरकार नहीं, थानेदार नहीं, हाकिम नहीं, अब संथाल राज्य स्थापित हो गया। संथाल राज्य में स्वतंत्र सरकार की स्थापना हो जाने के उपरांत सिद्धू को राजा, कान्हो को मंत्री, चाँद को प्रशासक और भैरो को सेनापति बनाया गया। जनसाधारण को यह अवगत कराया गया कि इस सरकार को मरांग बुरु (मुख्य देवता ) और जाहेर-एस (मुख्य देवी) की कृपा प्राप्त है। सरकार की अवहेलना करने पर मृत्युदंड तक संभव है। 60,000 सैनिकों का दस्ता तैयार किया गया। आदिवासी सेना को 1500-2000 टुकड़ियों में बाँटा गया। सशस्त्र क्रांति का सूत्रपात संथालों की भीड़ के द्वारा एक थानेदार को मार देने से होता है। अंग्रेजी बस्तियों पर हमला किए गए आक्रमण का मुख्य केंद्र रेलवे स्टेशन, डाकघर, पुलिस चौकी, जमींदार, भूमिकर अधिकारी हुआ करते थे। संथालों की सेना ने फुदकीपुर नामक गाँव पर आक्रमण कर अनेक अंग्रेजों

*1857 से ठीक पूर्व हूल एक ऐसी क्रांति थी, जिसने उस दौर में औपनिवेशिक सत्ता को हिलाकर रख दिया। भोगनाडीह से आदिवासियों ने आह्वान कर दिया कि अब हमारे ऊपर कोई सरकार नहीं, थानेदार नहीं, हाकिम नहीं, अब संथाल राज्य स्थापित हो गया। संथाल राज्य में स्वतंत्र सरकार की स्थापना हो जाने के उपरांत सिद्धू को राजा, कान्हो को मंत्री, चाँद को प्रशासक और भैरो को सेनापति बनाया गया।*

को मौत के घाट उतार दिया। विद्रोहियों की उत्तेजना और अदम्य साहस को समझने के लिए यह घटना अच्छा उदाहरण है कि भागलपुर के कलेक्टर को भी नहीं बख्शा गया। वो उस वक्त राजमहल में थे, किसी प्रकार अपनी जान बचाकर वहाँ से भाग निकलने में सफल रहे। संथाल विद्रोह के पूरे घटनाक्रम पर नजर डालने से 1942 के 'भारत छोड़ो आंदोलन' के दौरान गठित समानांतर सरकारें संथाल हूल के घटनाक्रम की पूर्णावृत्ति प्रतीत होती हैं।

'भारत छोड़ो आंदोलन' के समय जिस प्रकार विभिन्न स्थानों में गठित समानांतर सरकारों ने स्थानीय व्यवस्था को पूर्ण रूप से अपने हाथों में लेने का प्रयास किया, डाकघर, स्थानीय मुखयालय में हमले किए गए, बैंकों में डकैती डाली गई और संपर्क के सभी साधनों को नष्ट करने की एक पुरजोर कोशिश की गई। बलिया में गठित समानांतर सरकार के द्वारा कलेक्टर से सभी अधिकार छीन लिये गए थे। भले ही यह सारी घटना एक अखिल भारतीय आंदोलन के स्थानीय विरोध के प्रतिकार के रूप में घटित हुई, यद्यपि अंग्रेजों ने बलिया, तमलुक, सतारा की स्थानीय सरकार को सशस्त्र विद्रोह के माध्यम से पुनः अपने हाथ में ले लिया। ठीक उसी प्रकार संथाल परगना के भी उन क्षेत्रों, जहाँ आदिवासियों ने पूरे क्षेत्रों पर कब्जा कर लिया था, अंग्रेजी हुकूमत को पूरे इलाके में पुनः शांति स्थापित करने के लिए तीन ब्रिटिश रेजींमेंट को बुलाना पड़ा। 19 जुलाई, 1855 को मार्शल लॉ लगा दिया गया। आंदोलन को दबाने के लिए अंग्रेजी हुकूमत ने पूरी शक्ति लगा दी। फरवरी 1856 के तीसरे सप्ताह तक सारे नेतृत्वकर्ता या तो मारे गए अथवा पकड़े गए। संथाल विद्रोह की इस सशस्त्र क्रांति में

***'भारत छोड़ो आंदोलन' के समय जिस प्रकार विभिन्न स्थानों में गठित समानांतर सरकारों ने स्थानीय व्यवस्था को पूर्ण रूप से अपने हाथों में लेने का प्रयास किया, डाकघर, स्थानीय मुखयालय में हमले किए गए, बैंकों में डकैती डाली गई और संपर्क के सभी साधनों को नष्ट करने की एक पुरजोर कोशिश की गई।***

10,000 से अधिक संथाल आदिवासी मारे गए। निरीह आदिवासियों ने जिस तरह विद्रोह में बढ़-चढ़कर हिस्सा लिया और बलिदान दिया, उस अनुपात में इतिहास की पुस्तकों में उन्हें जगह नहीं दी गई। संथाल विद्रोह को मात्र स्थानीय विद्रोह समझा गया, भले ही इसका कारण दस्तावेजों की कमी हो सकती है या फिर कहें कि आंदोलनकारियों के किसी भी प्रकार के लिखित साक्ष्य का अभाव हो सकता है, परंतु इतिहास के पन्ने-दर-पन्ने पलटने के उपरांत भी भारतीय स्वतंत्रता के इतिहास में मुझे इससे पहले प्रथम स्वतंत्र समानांतर सरकार के गठन के साक्ष्य नहीं दिखाई पड़ते हैं। विश्व के ख्याति प्राप्त चिंतक और इतिहासकार कार्ल मार्क्स ने भले ही संथाल विद्रोह को भारत का प्रथम जनविद्रोह कहा हो, परंतु संथाल विद्रोह और उसके आंदोलनकारियों को उसके सम्मान से नवाजे जाने के लिए अभी भी बहुत-कुछ शेष है।

***संथाल विद्रोह एक जनजातीय विद्रोह था और सुदूरवर्ती इलाकों में इस आंदोलन की पूरी घटना घटित हुई, परंतु आंदोलन की शुरुआत हूल से हो और उसका अंत अंग्रेजी हुकूमत द्वारा मार्शल लॉ से किया जाए, तब अंजाम से उपजे परिणाम को भी साधारण ढंग से नहीं देखा जाना चाहिए।***

इस आंदोलन से पूर्व औपनिवेशिक सत्ता अपने 100 साल के इतिहास में बंगाल, मैसूर, सिंध, पंजाब, अवध को लील चुकी थी। संथाल विद्रोह एक जनजातीय विद्रोह था और सुदूरवर्ती इलाकों में इस आंदोलन की पूरी घटना घटित हुई, परंतु आंदोलन की शुरुआत हूल से हो और उसका अंत अंग्रेजी हुकूमत द्वारा मार्शल लॉ से किया जाए, तब अंजाम से उपजे परिणाम को भी साधारण ढंग से नहीं देखा जाना चाहिए। वस्तुतः इसके दूरगामी परिणाम पर भी मीमांसा होनी चाहिए। हूल जैसी क्रांति की पुनरावृत्ति अंग्रेजी हुकूमत में दोबारा न हो, इसके लिए तात्कालिक वायसराय डलहौजी ने अपने क्षेत्रीय अधिकारियों को नीतियों में परिवर्तन के ऐसे स्पष्ट निर्देश दिए, जिसने न केवल स्वतंत्रता प्राप्ति तक के लिए

आदिवासियों को राहत दी, बल्कि स्वतंत्रता के बाद भी यह जनजातीय क्षेत्र एवं आदिवासियों के लिए एक मैग्नाकार्टा के रूप में स्थापित हुआ।

विद्रोह के तुरंत बाद गवर्नर जनरल ने इस क्षेत्र को अपने अधीन लेते हुए विशेष सुविधा उपलब्ध कराने के निमित्त दामिन-ए-कोह को एक्सक्लूडेड एरिया (अधिसूचित क्षेत्र) के रूप में घोषित किया। इसी शुरुआत के मद्देनजर शायद हमारे संविधान निर्माताओं ने भी संविधान के अनुच्छेद 244(1) के तहत आदिवासी क्षेत्रों के लोगों के पिछड़ेपन को दूर करने के लिए, जो जनजातीय क्षेत्रों से आच्छादित है, संसद् द्वारा बनाए गए विधान के अधीन रहते हुए राष्ट्रपति को यह शक्ति दी गई कि वे किसी क्षेत्र को अधिसूचित क्षेत्र घोषित कर सकें।

ऐसे क्षेत्रों के प्रशासन का विशेष उपबंध हमारे संविधान की 5वीं एवं 6वीं अनुसूची में वर्णित है। झारखंड का संथाल परगना टेनेंसी एक्ट एवं छोटानागपुर टेनेंसी एक्ट जैसे कानून को भी इसी कड़ी के रूप में जोड़कर देखा जा सकता है, कंपनी की सरकार में अधिनियम पारित कर संपूर्ण संथाल आदिवासियों के इलाके को मिलाकर एक नया जिला बनाने की घोषणा की, जो संथाल परगना के नाम से जाना गया। वर्तमान झारखंड के 6 जिले दुमका, देवघर, गोड्डा, साहेबगंज, पाकुड़ और जामताड़ा कालांतर में संथाल परगना से ही अलग कर जिले के रूप में स्थापित किए गए। विद्रोह के उपरांत ब्रिटिश मिशनरियों को छोड़कर तमाम यूरोपीय मिशनरियों का इस क्षेत्र में प्रवेश निषेध कर दिया गया, ताकि संथाल आदिवासियों की धार्मिक एवं परंपरागत सामाजिक संरचना में किसी प्रकार

***झारखंड का संथाल परगना टेनेंसी एक्ट एवं छोटानागपुर टेनेंसी एक्ट जैसे कानून को भी इसी कड़ी के रूप में जोड़कर देखा जा सकता है, कंपनी की सरकार में अधिनियम पारित कर संपूर्ण संथाल आदिवासियों के इलाके को मिलाकर एक नया जिला बनाने की घोषणा की, जो संथाल परगना के नाम से जाना गया।***

का परिवर्तन न किया जा सके। फादर पोटेंट, जिन्होंने संथाल आदिवासियों के बीच अनेक कल्याणकारी कार्य किए थे, उन्हें इस जिले के उत्थान का कार्य सौंपा गया। हूल बाहरी शासकों के खिलाफ एक सशस्त्र विद्रोह था, निश्चित ही इसका क्षेत्रीय विस्तार बहुत वृहद् नहीं था, इसके बावजूद इस क्रांति ने देश के अनेक आंदोलनों के मार्ग प्रशस्त करते हुए ब्रिटिश शासन में ऐसी लकीरें खींचीं, जो औपनिवेशिक शासन एवं स्वतंत्रता के उपरांत भी संथाल आदिवासियों के वैभव एवं साहस का पुनर्मूल्यांकन करने के लिए प्रेरित करता है। संथाल हूल की बात फूलों, झरनों का उल्लेख किए बिना समाप्त नहीं की जा सकती। इन वीरांगनाओं ने जिस प्रकार अंग्रेजी हुकूमत से लोहा लिया, निश्चय ही वे न केवल इस क्षेत्र के लिए, वरन् पूरे देश के लिए प्रेरणा की स्रोत हैं।

□

# 11

# पर्यावरण संरक्षण और झारखंड

झारखंड वनों का प्रदेश है, हमारे राज्य के कुल क्षेत्रफल का 29.62 प्रतिशत वनों से आच्छादित है और इसमें अगर वृक्षावरण को जोड़ दिया जाए तो यह राज्य के कुल भौगोलिक क्षेत्रफल का 33.18 प्रतिशत है। राज्य की एक-चौथाई से ज्यादा आबादी जनजातीय समुदाय की है, जिनकी बहुत बड़ी संख्या आज भी अपनी आजीविका के लिए वनों पर निर्भर है, इसलिए हमारे राज्य में वन और मानव जीवन के बीच गहरा अन्योन्याश्रय संबंध है। हम झारखंडवासी जिस परंपरा और दर्शन में विश्वास रखते हैं, वह दर्शन मानव केंद्रित नहीं है, बल्कि वह प्रकृति केंद्रित है। हम अपनी पूजा-अर्चना में सिर्फ अपने लिए नहीं माँगते, बल्कि पूरी प्रकृति की बेहतरी के लिए प्रार्थना करते हैं। चाहे सरहुल में साल की पूजा हो, कर्मा में करम की पूजा हो, बाहा में पलाश की पूजा हो, वट सावित्री पर्व में बरगद की पूजा हो, हमारे ये सारे पर्व प्रकृति में हमारी आस्था को प्रतिबिंबित करते हैं। हमारे सरना स्थल, जो हमारे आस्था के केंद्र हैं, हमें यह एहसास दिलाते हैं कि हम प्रकृति की गोद में बसे हैं और प्रकृति हमारी संरक्षक है।

इस आस्था और दर्शन को मानने के कारण हम झारखंडवासी वनों को केवल संसाधन के रूप में नहीं देखते हैं, बल्कि हम आदिकाल से ही इनको पूज्यनीय मानते हैं।

आज जब कोरोना महामारी के दौर में पूरे विश्व में ऑक्सीजन की कमी को लेकर त्राहिमाम है, तब हमने एक बार फिर से पर्यावरण संरक्षण को समझा है।

आज पर्यावरणविदों द्वारा जिस पब्लिक ट्रस्ट सिद्धांत की बात की जाती है, वह सदियों से हमारे आदिवासी समाज की परंपरा रही है।

मानव जीवन की उत्पत्ति के बाद धरती की इस स्वतः स्फूर्त व्यवस्था में बड़े और प्रभावी परिवर्तन हुए हैं। यह ठीक है कि मानव एक बुद्धिजीवी प्राणी होने के कारण धरती से प्राप्त संसाधनों का उपयोग अपनी आवश्यकताओं के अनुरूप करने में सफल रहा है, परंतु इस क्रम में उसने कई बार प्रकृति के नियमों को इस प्रकार तोड़ा है, जो धरती पर जीवन एवं स्वयं मानव के अस्तित्व को भी खतरे में डाल सकती है। 'ग्लोबल वार्मिंग' के बारे में बहुत कुछ पढ़ा और लिखा जा चुका है। अंतरराष्ट्रीय स्तर पर कई प्रयास किए गए। इसके माध्यम से 'ग्रीन हाउस गैसों' के उत्सर्जन को घटाने और वातावरण को बढ़ाने के प्रयास किए गए हैं, परंतु वर्तमान में अंतरराष्ट्रीय स्तर पर हो रही बातचीत बहुत उत्साहवर्धक संकेत नहीं देती है। नवंबर में ब्रिटेन के ग्लासगोवा में आयोजित 'यूनाइटेड नेशंस क्लाइमेट चेंज कॉन्फ्रेंस, 2021', 'COP-26' की बातचीत से धरती के औसत तापमान में हो रही वृद्धि को 1.5 डिग्री सेल्सियस तक रोके जाने की संभावना नहीं दिखती।

***वर्ष 2015 के पेरिस सम्मेलन के दौरान, इसे 1.5 से 2 डिग्री सेल्सियस तक रोकने पर सहमति हुई थी। इस सम्मेलन में 2030 तक 'ग्रीन हाउस गैसों' के उत्सर्जन में 45 प्रतिशत तक कमी लाने एवं साल 2050 तक वैश्विक उत्सर्जन को पूरी तरह खत्म करने पर सहमति हुई थी, परंतु ऐसा होता हुआ नहीं दिख रहा है।***

वर्ष 2015 के पेरिस सम्मेलन के दौरान, इसे 1.5 से 2 डिग्री सेल्सियस तक रोकने पर सहमति हुई थी। इस सम्मेलन में 2030 तक 'ग्रीन हाउस गैसों' के उत्सर्जन में 45 प्रतिशत तक कमी लाने एवं साल 2050 तक वैश्विक उत्सर्जन को पूरी तरह खत्म करने पर सहमति हुई थी, परंतु ऐसा होता हुआ नहीं दिख रहा है। नवीनतम आकलनों के अनुसार दुनिया के तापमान में अब 2.7 डिग्री सेल्सियस तक की बढ़ोतरी होने जा रही है। इसके प्रभाव की परिकल्पना

आप इस बात से कर सकते हैं कि अगर मात्र 2 डिग्री सेल्सियस की बढ़ोतरी हुई तो दुनियाभर में मौजूद 'कोरल रीफ' खत्म हो जाएँगे। यही नहीं, अगर 'ग्रीन हाउस गैसों' का उत्सर्जन इसी प्रकार बढ़ता रहा और हम जंगलों, पहाड़ों एवं नदियों को बचाने में असफल रहे तो एक बहुत बड़ी जनसंख्या को विस्थापन के लिए बाध्य होना होगा और यह विस्थापन पूरे विश्व के लिए आर्थिक, सामाजिक और सांस्कृतिक त्रासदी पैदा करनेवाला होगा।

झारखंड की बात करें तो हम सब झारखंडवासियों के लिए गर्व और गर्व के साथ-साथ जिम्मेदारी की बात है कि झारखंड में विश्व का प्रथम भूखंड अवस्थित है। अमेरिका के विज्ञान के चर्चित जनरल 'प्रोसिडिंग्स ऑफ द नेशनल एकेडमी ऑफ साइंस' में हाल ही में प्रकाशित शोध के मुताबिक सिंहभूम क्रेटोन, जो विश्व के 10 सबसे पुराने क्रेटोनों में से एक है, का जन्म 310 करोड़ साल पहले हुआ था, यानी यह क्षेत्र पूरी दुनिया में पहली बार पानी से बाहर आया था। हम सब जानते हैं कि भू-वैज्ञानिकों के मुताबिक क्रेटोन पौराणिक महाद्वीप हैं, जिनसे कालांतर में वर्तमान महाद्वीपों का निर्माण हुआ है। पूरी दुनिया में 30 क्रेटोन हैं, उनमें से 10 बड़े आकार के हैं। उन 10 में चार बस्तर, बुंदेलखंड, धारवाड़ और सिंहभूम भारत में अवस्थित हैं। जिसमें सिंहभूम क्रेटोन दुनिया का सबसे पुराना क्रेटोन है। धरती के इस महत्त्वपूर्ण क्षेत्र में बसा होना हमारे लिए गर्व और जिम्मेदारी दोनों का विषय है। धरती के सबसे पुराने क्षेत्र के बाशिंदे होने के कारण धरती को सुरक्षित रखने

**अमेरिका के विज्ञान के चर्चित जनरल 'प्रोसिडिंग्स ऑफ द नेशनल एकेडमी ऑफ साइंस' में हाल ही में प्रकाशित शोध के मुताबिक सिंहभूम क्रेटोन, जो विश्व के 10 सबसे पुराने क्रेटोनों में से एक है, का जन्म 310 करोड़ साल पहले हुआ था, यानी यह क्षेत्र पूरी दुनिया में पहली बार पानी से बाहर आया था। हम सब जानते हैं कि भू-वैज्ञानिकों के मुताबिक क्रेटोन पौराणिक महाद्वीप हैं, जिनसे कालांतर में वर्तमान महाद्वीपों का निर्माण हुआ है।**

की जिम्मेवारी हम सब पर और भी ज्यादा हो जाती है। झारखंड का राज्य गठन, आंदोलन, जल-जंगल और जमीन को ही बचाने का आंदोलन था। आज राज्य गठन के 21 वर्षों के बाद उन उद्देश्यों की सार्थकता समान रूप से है।

झारखंड वन क्षेत्र देश के कुल वन क्षेत्र का 3.3 प्रतिशत है और प्रति व्यक्ति वनावरण 0.08 हेक्टेयर है।

वनावरण का यह सांख्यिकीय आँकड़ा झारखंड के बारे में दो महत्त्वपूर्ण बातें हमें नहीं बताता। पहला कि झारखंड में अवस्थित ज्यादातर खनिज संसाधन इन वन क्षेत्रों में ही अवस्थित है और दूसरा झारखंड की बहुत बड़ी आबादी इन वन क्षेत्रों में और उसके आसपास के इलाकों में न केवल निवास करती है, बल्कि अपने जीविकोपार्जन के लिए वन उपज पर ही निर्भर है।

***आदिवासी दर्शन की यह व्यापकता ही पर्यावरण संसाधनों के विवेकपूर्ण उपयोग का मूल है, जिसे तथाकथित सभ्य समाज को अपनाना चाहिए। मेरे विचार से पर्यावरणीय संसाधनों के विवेकपूर्ण उपयोग और संरक्षण के लिए बनाए जानेवाले नीति-नियम और कानून में इस दर्शन को मूल में रखा जाना चाहिए।***

इस प्रकार वनों का राज्य की आर्थिक, सामाजिक एवं जनसांख्यिकीय परिस्थितियों से अन्योन्याश्रय संबंध है। जब हम जल, जंगल और जमीन की बातें करते हैं तो झारखंड के संदर्भ में वनों के सांस्कृतिक और धार्मिक पहलू पर भी बात किया जाना आवश्यक है और इस परिप्रेक्ष्य में आदिवासी समाज के उस धार्मिक पहलू की चर्चा की जानी आवश्यक है, जिसमें वे अपने सिंगबोंगा अपने भगवान् से सिर्फ अपने बारे में नहीं माँगते हैं, बल्कि हर पूजा, हर त्योहार में वे भगवान् से सभी जीव-जंतुओं, पशुओं, फसलों, पेड़-पौधों सबकी सलामती के लिए प्रार्थना करते हैं। आदिवासी दर्शन की यह व्यापकता ही पर्यावरण संसाधनों के विवेकपूर्ण उपयोग का मूल है, जिसे तथाकथित सभ्य समाज को अपनाना चाहिए। मेरे विचार से पर्यावरणीय संसाधनों के विवेकपूर्ण उपयोग और संरक्षण के लिए बनाए

जानेवाले नीति-नियम और कानून में इस दर्शन को मूल में रखा जाना चाहिए।

इस सदंर्भ में अनुसूचित जनजाति और अन्य परंपरागत वन निवासी (वन अधिकारों की मान्यता) अधिनियम, 2006 के बारे में बात की जानी अति आवश्यक है।

इस अधिनियम का उद्‌देश्य निम्न प्रकार अभिलिखित है—

वन में निवास करनेवाली अनुसूचित जनजातियों और अन्य परंपरागत वन निवासियों के मान्यता प्राप्त अधिकारों में, दीर्घकालीन उपयोग के लिए जिम्मेदारी और प्राधिकार, जैवविविधता का संरक्षण और पारिस्थितिकी संतुलन को बनाए रखना और वन में निवास करनेवाली अनुसूचित जनजातियों और अन्य परंपरागत वन निवासियों की जीविका तथा खाद्य सुरक्षा को सुनिश्चित करते समय वनों की सरंक्षण व्यवस्था को सुदृढ़ करना भी सम्मिलित है तथा औपनिवेशिक काल के दौरान एवं स्वतंत्र भारत में राज्य वनों को समेकित करते समय उनकी पैतृक भूमि पर वन अधिकारों और उनके निवास को पर्याप्त रूप से मान्यता नहीं दी गई थी, जिसके परिणामस्वरूप वन में निवास करनेवाली उन अनुसूचित जनजातियों और अन्य परंपरागत वन निवासियों के प्रति ऐतिहासिक अन्याय हुआ है, जो वन पारिस्थितिकी प्रणाली को बचाने और बनाए रखने के लिए अभिन्न अंग है।

***और यह आवश्यक हो गया है कि वन में निवास करनेवाली अनुसूचित जनजातियों और अन्य परंपरागत वन निवासियों की, जिसके अंतर्गत वे जनजातियाँ भी हैं, जिन्हें राज्य के विकास से उत्पन्न हस्तक्षेप के कारण अपने निवास दूसरी जगह बनाने के लिए मजबूर किया गया था, लंबे समय से चली आ रही भूमि संबंधी असुरक्षा तथा वनों में पहुँच के अधिकारों पर ध्यान दिया जाए।***

और यह आवश्यक हो गया है कि वन में निवास करनेवाली अनुसूचित जनजातियों और अन्य परंपरागत वन निवासियों की, जिसके अंतर्गत वे जनजातियाँ भी हैं, जिन्हें राज्य के विकास से उत्पन्न हस्तक्षेप के कारण अपने

निवास दूसरी जगह बनाने के लिए मजबूर किया गया था, लंबे समय से चली आ रही भूमि संबंधी असुरक्षा तथा वनों में पहुँच के अधिकारों पर ध्यान दिया जाए।

यह कानून उस ऐतिहासिक पृष्ठभूमि की चर्चा करता है, जिसमें औद्योगिक क्रांति के बाद अंग्रेजों ने वन क्षेत्रों में पड़े संसाधनों के दोहन के लिए पहले वनों की अंधाधुंध कटाई कर खनिज संसाधनों का न केवल दोहन किया और वन संरक्षण के ऐसे कानून लागू किए, जिसने पारंपरिक रूप से स्थापित वनों एवं वन्य जीवों के संरक्षण की परंपरा को क्षत-विक्षत कर दिया।

***झारखंड की बात करें तो वित्तीय वर्ष 2020-21 में 3453 व्यक्तिगत पट्टे एवं 582 सामुदायिक पट्टों का वितरण किया गया, जिसमें कुल 77347.95 एकड़ भूमि सूचीहीन है। व्यक्तिगत पट्टा विवरण द्वारा 3453 व्यक्ति एवं सामुदायिक पट्टा वितरण द्वारा 74897 व्यक्ति लाभान्वित हुए हैं।***

आज इस कानून को लागू हुए 15 साल हो चुके हैं। सरकारी आँकड़ों की मानें तो 30 अप्रैल, 2020 तक के बीच अनुसूचित जनजाति मामलों के मंत्रालय के पास कुल 42,50,602 दोनों व्यक्तिगत और सामुदायिक दावे प्राप्त हुए, जिनमें से 46 प्रतिशत मामलों में वनाधिकार प्रदान कर दिया गया।

झारखंड की बात करें तो वित्तीय वर्ष 2020-21 में 3453 व्यक्तिगत पट्टे एवं 582 सामुदायिक पट्टों का वितरण किया गया, जिसमें कुल 77347.95 एकड़ भूमि सूचीहीन है। व्यक्तिगत पट्टा विवरण द्वारा 3453 व्यक्ति एवं सामुदायिक पट्टा वितरण द्वारा 74897 व्यक्ति लाभान्वित हुए हैं।

परंतु विभागीय आँकड़ों में जिस संपुष्टि का भाव दिखता है, वास्तव में परिस्थितियाँ उससे भिन्न हैं। आवश्यकता इस बात की है कि कानून के वर्णित प्रावधानों का सारतः पालन किया जाए। केरल की तरह औषधि और पारिस्थितिक पर्यटन (Medical Ecotourism) के माध्यम से आदिवासी एवं परंपरागत वन निवासियों को लाभप्रद तरीके से वन संरक्षण के साथ जोड़ा

जा सकता है। इस लक्ष्य को प्राप्त करने के लिए स्थानीय लोगों को समुचित प्रशिक्षण देना होगा, साथ ही बाजार की उपलब्धता सुनिश्चित करनी होगी, ताकि आय के स्थायी स्रोत सुनिश्चित हो सकें।

हमारे देश में तमाम ऐसे अन्य कानून मौजूद हैं, जिनके माध्यम से पर्यावरण संरक्षण के उद्देश्यों को प्राप्त किया जा सकता है। माननीय सर्वोच्च न्यायालय के द्वारा भी पर्यावरण के संरक्षण और प्रदूषण की रोकथाम के लिए जिस कानूनी परिदृश्य की रचना की गई है, वह अंतरराष्ट्रीय मापदंडों के अनुरूप है। माननीय सर्वोच्च न्यायालय ने एम.सी. मेहता और अन्य वादों के माध्यम से ब्रिटेन में रेलैंड बनाम फ्लेचर में प्रतिपादित Strict Liability, जिसके अंतर्गत प्रदूषण फैलानेवाले संयंत्रों के समक्ष बचाव के कुछ तर्क मौजूद रह गए थे, उन्हें हटाकर Absolute Liability सिद्धांत को स्थापित किया है।

कहना न होगा कि भारत के संविधान के अनुच्छेद 48क में राज्य के नीति-निर्देशक तत्त्वों के अंतर्गत एवं अनुच्छेद 51 (क) (छ) में मूल कर्तव्यों के अंतर्गत क्रमशः राज्य एवं प्रत्येक नागरिक पर पर्यावरण संरक्षण की जिम्मेदारी सौंपी गई है।

सर्वोच्च न्यायालय ने अनेक बार अपने न्यायादेशों के माध्यम से अनुच्छेद 21 में जीने के अधिकार के अंतर्गत स्वच्छ वातावरण के अधिकार को समावेशित किया है।

आवश्यकता इस बात की है कि विभिन्न कानूनों और न्यायादेशों के माध्यम से, जो न्यायिक संरचना निर्मित की गई, उसका पालन दृढ़ता से किया जाए। आम लोगों और खासकर युवाओं को इसके प्रति जागरूक किया जाए। □

# सदन में दिए गए वक्तव्य

# राष्ट्रमंडल संसदीय संघ झारखंड शाखा की बैठक में अध्यक्षीय भाषण

**( दिनांक : 5 मार्च, 2022 )**

राष्ट्रमंडल संसदीय संघ की झारखंड शाखा की बैठक में आप सभी माननीय सदस्यों का हार्दिक अभिनंदन।

यह बैठक कोरोना महामारी के कारण लगातार टलती रही। नियमानुसार इसे वर्ष 2021 में कर लिया जाना चाहिए था। परंतु कोरोना महामारी के कारण उपजे परिस्थितियों के कारण इस बैठक को विलंब से करना पड़ रहा है।

माननीय सदस्यगण, हम सब जानते हैं कि हमारा देश एक लिखित संविधान से संचालित होता है। परंतु भारत उन देशों में शामिल है जो ब्रिटिश संसदीय व्यवस्था जिसको वेस्ट मिनिस्टर सिस्टम के रूप में जानते हैं, को अपनाया गया है। यह व्यवस्था लिखित संविधान के साथ-साथ अनेकों परंपराओं के माध्यम से चलती है जो पिछले लगभग 800 वर्षों में ब्रिटेन और ब्रिटेन के बाहर विकसित हुई। राष्ट्रमंडल संसदीय संघ की स्थापना वर्ष 1911 में की गई और आज यह 67 देशों का भव्य संगठन है एवं संयुक्त राष्ट्र संघ के बाद दूसरा सबसे बड़ा अंतरराष्ट्रीय संघ है। हमारे देश भारत के इस संघ में उपस्थिति का महत्त्व इसी तथ्य से पता चलता है कि राष्ट्रमंडल संसदीय संघ के कुल 31 शाखाएँ हमारे देश में हैं, जो नाइजिरिया के बाद सबसे ज्यादा है। यह अत्यंत हर्ष का विषय है कि वर्ष 2021 में राष्ट्रमंडल संसदीय संघ की स्थापना का शताब्दी वर्ष 1921

में इस संघ की स्थापना हुई थी और इसी वर्ष संसद् भवन के प्राचीर का निर्माण प्रारंभ हुआ। मॉन्टेग्यू चेम्सफोर्ड सुधारों के बाद केंद्रीय विधान सभा में संख्या बल ज्यादा हो गई थी और इसकी बैठकें तत्कालीन वायसराय हाऊस जो कि वर्तमान में राष्ट्रपति भवन है वहाँ आयोजित की जानी संभव नहीं थी। देखा जाए तो 1921 ही वह साल था जब हमारे देश में संसदीय परंपराओं की शुरूआत की गई थी और यह हमारा सौभाग्य है कि उस महान् परंपरा के 100वें वर्ष के न केवल हम साक्षी हैं बल्कि उस महान् परंपरा के भागीदार भी हैं।

> ***सौ वर्षों की इस महान् संसदीय परंपरा को अनेकों महान् व्यक्तियों ने समृद्ध बनाया है, चाहे वो गोपाल कृष्ण गोखले हों, चितरंजन दास हों, बिट्ठल भाई पटेल हों या आजादी के बाद अनेक महान् सांसद और विधायक हों, जिन्होंने इस परंपरा को जीवंत बनाए रखा है और अपने-अपने महत्त्वपूर्ण योगदान दिए हैं।***

माननीय सदस्यगण, सौ वर्षों की इस महान् संसदीय परंपरा को अनेक महान् व्यक्तियों ने समृद्ध बनाया है, चाहे वो गोपाल कृष्ण गोखले हों, चितरंजन दास हों, बिट्ठल भाई पटेल हों या आजादी के बाद अनेकों महान् सांसद और विधायक हों, जिन्होंने इस परंपरा को जीवंत बनाए रखा है और अपने-अपने महत्त्वपूर्ण योगदान दिए हैं।

माननीय सदस्यगण, इस वर्ष आयोजित राष्ट्रमंडल संसदीय संघ की पिछले साल नवंबर माह में आयोजित बैठक में भाग लेने का अवसर मुझे प्राप्त हुआ और स्टैंडिंग कमेटी के सदस्य के रूप में भी भाग लेने का अवसर मुझे प्राप्त हुआ। इस सम्मेलन में कुल 11 संकल्प पारित हुए। इस कार्यक्रम के दौरान पारित संकल्प संख्या 7 का उद्धरण मैं विशेष रूप से करना चाहूँगा जिसके माध्यम से यह संकल्प लिया गया कि इन पाँच विषयों पर समूचित काररवाई की जाए—1. विधानमडलों की काररवाई का सुचारु एवं निर्बाध संचालन,

2. विधानमंडल के नियमावलियों में एकरूपता, 3. विधायिकाओं की वित्तीय स्वायत्तता, 4. संविधान की 10वीं अनुसूची की समीक्षा एवं 5. विधायिका में समितियों की तंत्र की समीक्षा।

माननीय सदस्यगण, यह मंच इसलिए अत्यंत महत्त्वपूर्ण है कि इस मंच के माध्यम से वर्तमान विधायकगणों को पूर्व के विधायकों से संवाद का एक अवसर प्राप्त होता है, जिसके माध्यम से हम संसदीय लोकतांत्रिक व्यवस्थाओं को और अधिक सुदृढ़ कर पाने में सक्षम हो सकते हैं।

अंत में मैं लोकसभा के पहले अध्यक्ष मावलंकरजी की बात से अपनी वाणी को विराम देना चाहूँगा। मावलंकरजी ने अखिल भारतीय पीठासीन पदाधिकारियों के सम्मेलन के ग्वालियर में आयोजित सम्मेलन में वर्ष 1953 में कहा था कि "वास्तविक लोकतंत्र के लिए हमें सिर्फ संविधान और सभा को संचालित करने के लिए बनाए गए नियमों को ही नहीं देखना चाहिए बल्कि हमें अपने विधायकों में वास्तविक लोकतांत्रिक भावना जागृत करनी होगी। अगर इस मूलभूत भावना को ध्यान में रखा जाए तो हमें यह स्पष्ट होगा कि यद्यपि महत्त्वपूर्ण विषयों का निराकरण बहुमत से किया जाएगा परंतु संसदीय लोकतंत्र को केवल संख्या बल का हिसाब रखने तक सीमित नहीं रखा जा सकता।"

□

# पंचम झारखंड विधानसभा का प्रथम सत्र

**( दिनांक : 7 जनवरी, 2020 )**

**अध्यक्षीय प्रारंभिक वक्तव्य**

पंचम झारखंड विधानसभा के माननीय सदस्यगण, माननीय सदन नेता सहित सभी दल के माननीय नेतागण, सर्वसम्मति से आज इस विधानसभा के अध्यक्ष के रूप में जिस तरीके से आप लोगों ने मेरा निर्वाचन किया है, इसके लिए मैं आप सभी के प्रति हृदय से आभार व्यक्त करता हूँ।

मेरे निर्वाचन के लिए कुल 6 प्रस्ताव आए थे। इनमें कई माननीय मंत्रियों द्वारा प्रस्तावित थे और कई का समर्थन माननीय सदस्यों द्वारा किया गया था। संसदीय व्यवस्था के जो सुस्थापित नियम और परंपराएँ हैं, उनके अधीन मात्र एक प्रस्ताव को सभी में निर्णय के लिए लिया जाता है और सम्यक् निर्णय के उपरांत अन्य प्रस्तावों को छोड़ दिया जाता है। इस दृष्टि से यद्यपि यह स्पष्ट है कि माननीय मुख्यमंत्रीजी द्वारा रखे गए और श्री चंपई सोरेन, माननीय सदस्य द्वारा समर्थित प्रस्ताव के आलोक में विधानसभा अध्यक्ष के रूप में मेरा निर्वाचन हो गया, फिर भी मैं केवल उनका नहीं, वरन् समस्त सदन का कृतज्ञ हूँ।

अध्यक्ष पद के इस आसन को ग्रहण करने से पूर्व तक मैं तकनीकी रूप से किसी खास राजनीतिक दल से संबद्ध था, लेकिन इस आसन पर आते ही मेरी वह राजनीतिक संबद्धता तकनीकी रूप से समाप्त हो गई है। अध्यक्ष के पद को संसदीय पद्धति में सरकार और प्रतिपक्ष का पद नहीं समझा जाता, वरन् इस पद को आरंभ से ही निष्पक्षता का पर्यायवाची मानने की परंपरा रही

है। मैं संसदीय व्यवस्था के इस उच्च प्रतिमान के पालन का वचन सभा के तमाम माननीय सदस्यों को देता हूँ। सदन से बाहर की दुनिया में भले ही मेरी पहचान झारखंड मुक्ति मोर्चा के एक सदस्य के रूप में बनी रहेगी, लेकिन सदन के भीतर मेरे लिए न्याय के तराजू पर पक्ष और प्रतिपक्ष दोनों का पलड़ा बराबर रहेगा।

राजनीति में मैंने अपने कद को हमेशा से छोटा समझा है। इस सभा में मैं अपने तीसरे कार्यकाल के लिए निर्वाचित होकर आया हूँ। मेरे सामने कुछ ऐसे सदस्य भी हैं, जो पहली बार इस सम्मानित सदन के सदस्य निर्वाचित होकर आए हैं, लेकिन ऐसे सदस्यों की संख्या भी कम नहीं है। जिनका राजनीतिक कार्यकाल विधायक और सांसद के रूप में मेरी तुलना में बहुत ज्यादा लंबा रहा है। अपने पद से जुड़े दायित्वों के निर्वहन में मैं ऐसे तमाम वरीय माननीय सदस्यों के मार्गदर्शन की अपेक्षा करूँगा।

*राजनीति में मैंने अपने कद को हमेशा से छोटा समझा है। इस सभा में मैं अपने तीसरे कार्यकाल के लिए निर्वाचित होकर आया हूँ। मेरे सामने कुछ ऐसे सदस्य भी हैं, जो पहली बार इस सम्मानित सदन के सदस्य निर्वाचित होकर आए हैं, लेकिन ऐसे सदस्यों की संख्या भी कम नहीं है*

मेरे लिए यह सौभाग्य की बात है कि सदन में दो ऐसे माननीय सदस्य मौजूद हैं, जिन्होंने अध्यक्ष के आसन को संपूर्ण निष्ठा से सँभालने का काम किया है। संयोग से, आज इनमें से एक श्री आलमगीर आलम सत्ता पक्ष में हैं और श्री चंद्रेश्वर प्रसाद सिंहजी प्रतिपक्ष में हैं। अध्यक्ष के रूप में इन दोनों का कार्यकाल शानदार रहा है।

विपरीत परिस्थितियों में इनके द्वारा लिये गए निर्णय मेरे लिए भी नजीर के समान होंगे। मैं माननीय सदस्य प्रो. स्टीफन मरांडीजी, जो राजनीति में मेरे अग्रज और गुरुजन के समान हैं और जिन्होंने दो महत्त्वपूर्ण अवसरों पर प्रोटेम स्पीकर के रूप में इस सभा में अपनी भूमिका निभाई है, के मार्गदर्शन की भी

अपेक्षा मुझे बनी रहेगी। मुझे खुशी है कि आज का झारखंड श्री हेमंत सोरेन के युवा नेतृत्व के हाथों में है। इनके नेतृत्व में इस राज्य की चतुर्दिक उन्नति होगी, इसकी कामना मैं इस आसन से करता हूँ।

मैं इस आसन से इस उम्मीद को पूर्ण करने की तहेदिल से कामना करता हूँ। श्री बाबूलाल मरांडीजी को इस राज्य का प्रथम मुख्यमंत्री होने का गौरव प्राप्त है। इस पाँचवीं विधानसभा के लिए निर्वाचित होकर आज वे हमारे बीच हैं। न्याय और विवेकयुक्त आचरण इनकी विशेषता रही है।

***मैं इस आसन से इस उम्मीद को पूर्ण करने की तहेदिल से कामना करता हूँ। श्री बाबूलाल मरांडीजी को इस राज्य का प्रथम मुख्यमंत्री होने का गौरव प्राप्त है। इस पाँचवीं विधानसभा के लिए निर्वाचित होकर आज वे हमारे बीच हैं। न्याय और विवेकयुक्त आचरण इनकी विशेषता रही है।***

मैं समय-समय पर इनके मार्गदर्शन की भी अपेक्षा करूँगा। आज का अवसर हम लोगों के बीच माननीया राज्यपाल महोदया के अभिभाषण का है और इनकी अगवानी से लेकर उनके प्रस्थान तक का व्यस्त कार्यक्रम आज है। व्यस्तता की ऐसी स्थिति में आज मैं आपसे कुछ विशेष परिचर्चा कर पाने की स्थिति में नहीं हूँ। आनेवाले अवसरों पर हम लोगों के बीच व्यापक विचार विनिमय होंगे, इन्हीं उम्मीदों के साथ मैं सभा के तमाम सदस्यों के प्रति एक बार फिर अपना आभार प्रकट करता हूँ कि आप सभी ने मुझे ऐसे महान् दायित्व की निर्वहन के योग्य समझा। मैं आप सभी को विश्वास दिलाता हूँ कि मैं आप सभी के उम्मीदों पर खरा उतरने का भरपूर प्रयास करूँगा। अंत में मैं अपने राजनीतिक मुख्य मार्गदर्शक और झारखंड के सर्वमान्य नेता परम आदरणीय दिशोम गुरुजी श्री शिबू सोरेनजी के प्रति आभार व्यक्त करता हूँ, जिनके मार्गदर्शन से मुझे यहाँ तक पहुँचने का अवसर प्राप्त हुआ है।

□

# पंचम झारखंड विधानसभा का प्रथम सत्र

**( दिनांक : 8 जनवरी, 2020 )**

**अध्यक्षीय समापन भाषण**

हलकी नोक-झोंक से युक्त एक सुखद वातावरण में पाँचवें झारखंड विधानसभा के पहले तीन दिवसीय सत्र का समापन अब होने जा रहा है। इस सत्र में माननीया राज्यपाल महोदया का अभिभाषण हम लोगों के बीच हुआ। अपने अभिभाषण के माध्यम से उन्होंने झारखंड की वर्तमान सरकार की आनेवाले समय की प्राथमिकताओं का उल्लेख करके शासन की दशा और दिशा को दरशाने का काम किया है। इस अभिभाषण पर धन्यवाद प्रस्ताव पारित करके आप सभी ने उनके प्रति कृतज्ञता ज्ञापित की है, इसके लिए मैं आप सभी के प्रति आभार प्रकट करता हूँ। सभा द्वारा पारित धन्यवाद प्रस्ताव की सूचना माननीया राज्यपाल महोदया को प्रेषित कर दी जाएगी। इसी सत्र में वर्तमान वित्तीय वर्ष का द्वितीय अनुपूरक बजट प्रस्तुत हुआ और इस पर माननीय सदस्यों ने सार्थक चर्चा की है। चर्चा के दौरान जहाँ कुछ माननीय सदस्यों ने अपने क्षेत्र की समस्याओं का जिक्र किया है, वहीं कुछ वरीय माननीय सदस्यों ने सरकार की प्राथमिकताओं के संबंध में सारगर्भित सुझाव भी दिए हैं। इस राज्य के सर्वांगीण विकास की दृष्टि से ये सुझाव निस्संदेह अत्यंत महत्त्वपूर्ण हैं। मैं सरकार से अपेक्षा करता हूँ कि अपने संशोधन की सीमाओं का आकलन करते हुए आगामी वित्तीय वर्ष के लिए जब वह बजट तैयार करे तो इस पर अमल करने का प्रयास भी करे। तीन दिनों के इस छोटे से सत्र में मैंने यह महसूस किया है कि लोकहित से जुड़े ऐसे मसले हैं, जिन

पर सत्ता पक्ष और प्रतिपक्ष दोनों की भावना एक जैसी है। आनेवाले समय में जनता के हित में इसी प्रकार की वैचारिक एकता हमारे बीच कायम रहे, मैं इसकी भी उम्मीद करता हूँ। आनेवाले दिनों में मकर संक्रांति, सोहराय और बसंत पंचमी के साथ-साथ लोहड़ी का त्योहार भी हम मनाएँगे। इन त्योहारों का उल्लास और इनकी मिठास झारखंड के जनजीवन में अनंत समय तक कायम रहे, इन्हीं शुभकामनाओं के साथ मैं सभा की काररवाई अनिश्चित काल के लिए स्थगित करने की घोषणा करता हूँ।

□

# पंचम झारखंड विधानसभा का द्वितीय (बजट) सत्र

**( दिनांक : 28 फरवरी, 2020 )**

**अध्यक्षीय प्रारंभिक वक्तव्य**

पंचम झारखंड विधानसभा के द्वितीय और वर्ष 2020 के प्रथम बजट सत्र में आप सभी का हार्दिक अभिनंदन। 28 फरवरी से आरंभ होकर 28 मार्च, 2020 तक चलनेवाले इस सत्र में कुल 18 कार्यदिवस प्रस्तावित हैं, जिसके दरमियान चालू वित्तीय वर्ष का अनुपूरक बजट पेश करने के साथ-साथ वित्तीय वर्ष 2020-2021 का वार्षिक बजट भी सरकार द्वारा पेश किया जाएगा। हमारी शासन प्रणाली संविधान के जिन प्रावधानों के अनुरूप संचालित होती है, उसी के अंतर्गत यह व्यवस्था की गई है कि प्रत्येक वित्तीय वर्ष के आरंभ में सरकार अपनी वित्तीय विवरणी विधानमंडल के पटल पर रखेगी। संविधान के इस प्रावधान में सरकार के ऊपर विधानमंडलीय जवाबदेही का वित्तीय सिद्धांत निहित है। माननीय सदस्यगण आप लोग अपने आसन पर बैठिए। यह प्रावधान इस तथ्य को रेखांकित करता है कि सदन की सहमति के बिना न तो एक पैसे का करारोपण किया जा सकता है, न ही सरकार एक पैसे का व्यय कर सकती है। राज्य की संचित निधि के ऊपर विधायिका के नियंत्रण का यह सिद्धांत वस्तुतः लोकतंत्र की आत्मा है। इस क्रम में संयुक्त राज्य अमेरिका के संदर्भ को मैं विशेष रूप से उद्धृत करना चाहता हूँ, जिसे वहाँ के एक पूर्व राष्ट्रपति ने कहा था, "जिसके पास

पैसा है, उसी के पास शक्ति है।" भारतीय संदर्भ में राष्ट्र और राज्य के धन अथवा सार्वजनिक वित्त पर नियंत्रण क्रमशः संसद् और राज्य विधानमंडल द्वारा रखा जाता है। वस्तुतः भारतीय संसद् अथवा राज्य विधानमंडल के वित्तीय कृत्यों पर प्रक्रिया में अंतर्निहित उन्हीं सिद्धांतों का अनिवार्य रूप से पालन किया जाता है, जिनका पालन इंग्लैंड में 'हाउस ऑफ कॉमन्स' द्वारा किया जाता है। विधानमंडल का यह वित्तीय नियंत्रण माननीय सदस्यों द्वारा विनियोग विधेयक के पारण और अनुदान माँगों पर कटौती प्रस्ताव प्रस्तुत करके उनके औचित्य पर चर्चा के माध्यम से संपन्न होता है। इन सभी के साथ-साथ सरकार द्वारा सभा से अनुदानित, पारित और अधिनियमित राजस्व के औचित्यपूर्ण व्यय की लोक लेखा और सरकारी उपक्रमों संबंधी समितियों द्वारा की गई समीक्षा के माध्यम से भी विधायी संस्थान सरकार पर अपना वित्तीय नियंत्रण सुनिश्चित करते हैं।

***भारतीय संदर्भ में राष्ट्र और राज्य के धन अथवा सार्वजनिक वित्त पर नियंत्रण क्रमशः संसद् और राज्य विधानमंडल द्वारा रखा जाता है। वस्तुतः भारतीय संसद् अथवा राज्य विधानमंडल के वित्तीय कृत्यों पर प्रक्रिया में अंतर्निहित उन्हीं सिद्धांतों का अनिवार्य रूप से पालन किया जाता है, जिनका पालन इंग्लैंड में 'हाउस ऑफ कॉमन्स' द्वारा किया जाता है।***

आप में से कतिपय माननीय सदस्यों के लिए यह गौरव की बात है कि वे झारखंड गठन के आरंभ से लेकर अब तक इस विधानसभा के सदस्य हैं, तथापि हममें से बहुत से ऐसे भी हैं, जो इस विधानसभा के लिए पहली बार चुनकर आए हैं। ऐसे में मैं तमाम माननीय सदस्यों से आग्रह करता हूँ कि आप बजट पर भरपूर और सार्थक चर्चा करके सरकार के वित्तीय प्रबंधन को सुदृढ़ करने का कार्य करें और यह सुनिश्चित कराएँ कि बजट को पारित करके राज्य की संचित निधि से जिस राशि के व्यय का प्राधिकार हम सरकार को समर्पित कर रहे

हैं, उसके एक-एक पैसे का सही और सार्थक उपयोग जनता के व्यापक हित में सुनिश्चित हो।

राजनीतिक कार्यपालिका पर विधानमंडल के वित्तीय नियंत्रण के साथ-साथ विधायी नियंत्रण के अवसर भी इस सत्र में माननीय सदस्यों को प्राप्त होंगे। सभा के इस सत्र से संबंधित औपबंधिक कार्यक्रम का सांगोपांग अवलोकन आप सभी ने किया होगा। इसमें दो कार्यदिवस राजकीय विधेयक के लिए निर्धारित हैं। इन दोनों तिथियों को सरकार कतिपय कानून के मसौदे आपके विचार के लिए लेकर आएगी। कौन से कानून अथवा कानूनों के कौन से प्रावधान आज के संदर्भ में झारखंड की सवा तीन करोड़ जनता के हित में आवश्यक हैं, इसे आपसे ज्यादा बेहतर तरीके से कोई नहीं जानता; यह संभव है कि एक विधायक के रूप में आपका कार्यकाल छोटा हो, लेकिन जनता के बीच आपके संबंधों का कार्यकाल निश्चित रूप से काफी बड़ा और लंबे समय का है। इस क्रम में हमें यह भी याद रखना है कि विधानसभा के लिए निर्वाचित सदस्य होने से पहले हम राष्ट्र और राज्य के एक जिम्मेवार नागरिक हैं। ऐसे में किसी कानून का असर हमारे साथ-साथ आम जनता पर कैसा होगा, इसका मूल्यांकन हम सूक्ष्मता से करें और इसी आलोक में सभा में अपनी राय व्यक्त करें। यह ठीक है कि एक राजनीतिक दल का सदस्य होने के नाते हमारी कतिपय दलीय प्रतिबद्धताएँ हैं, लेकिन हमें जनता के प्रति अपनी प्रतिबद्धताओं को प्राथमिकता देनी होगी और यदि हम ऐसा करने में कामयाब होते हैं तो निश्चित मानिए कि जनहित के उद्देश्य पूरे होंगे और

***राजनीतिक कार्यपालिका पर विधानमंडल के वित्तीय नियंत्रण के साथ-साथ विधायी नियंत्रण के अवसर भी इस सत्र में माननीय सदस्यों को प्राप्त होंगे। सभा के इस सत्र से संबंधित औपबंधिक कार्यक्रम का सांगोपांग अवलोकन आप सभी ने किया होगा। इसमें दो कार्यदिवस राजकीय विधेयक के लिए निर्धारित हैं।***

हमारा लोकतंत्र सफल होगा, आप एक सफल विधायक के रूप में सिद्ध होंगे।

इन सबके अतिरिक्त भी प्रक्रिया तथा कार्य-संचालन के नियम माननीय सदस्यों को जनहित से जुड़ी समस्याओं और मुद्दों को सदन में सत्र के दौरान उठाने के अवसर उपलब्ध कराते हैं। प्रश्नकाल, शून्यकाल, ध्यानाकर्षण सूचनाएँ, प्रस्ताव और संकल्पों को ऐसी ही कोटियों में रखा गया है। निर्धारित प्रक्रियाओं का पालन करते हुए सदन का व्यवस्थापूर्वक संचालन यदि माननीय सदस्यगण सुनिश्चित करें तो मुझे विश्वास है कि राज्य की कोई ऐसी समस्या नहीं है, जिसके समाधान के मुकाम तक हम नहीं पहुँचे। अभी कुछ ही दिन पहले सभा सचिवालय के विधायी एवं शोध संदर्भ कोषांग द्वारा एक प्रबोधन-सह-प्रशिक्षण कार्यक्रम का आयोजन प्रोजेक्ट बिल्डिंग में किया गया था, जिसका मुख्य विषय विधायकों की जिम्मेवारी और सदन में जन सरोकार के मुद्दे से था। बड़ी संख्या में आप उस कार्यक्रम में सहभागी रहे हैं। अपने क्षेत्र के बड़े विशेषज्ञों ने इसमें अपने विचार रखे थे। उन पर अमल करते हुए हम आगे बढ़ेंगे, यही हमारी कामना है। जनता की अपेक्षाओं पर खरा उतरना आपका दायित्व है। माननीय सदस्य चाहे सत्ता पक्ष के हों या प्रतिपक्ष के, निर्वाचित प्रतिनिधि हैं। सभी की भूमिकाएँ समान हैं, सभी के दायित्व भी समान ही हैं। संसदीय लोकतंत्र में बहुमत के शासन के कारण हो सकता है कि सत्ता पक्ष के माननीय सदस्यों को सरकार से कुछ सहूलियतें प्राप्त हो जाएँ और प्रतिपक्ष को जटिल स्थितियों का सामना अपने दायित्व निर्वहन में

***इन सबके अतिरिक्त भी प्रक्रिया तथा कार्य-संचालन के नियम माननीय सदस्यों को जनहित से जुड़ी समस्याओं और मुद्दों को सदन में सत्र के दौरान उठाने के अवसर उपलब्ध कराते हैं। प्रश्नकाल, शून्यकाल, ध्यानाकर्षण सूचनाएँ, प्रस्ताव और संकल्पों को ऐसी ही कोटियों में रखा गया है।***

करना पड़े, लेकिन दूसरी तरफ दलीय प्रतिबद्धताएँ सत्ता पक्ष के सदस्यों पर जो सीमाएँ स्थापित करती हैं, प्रतिपक्ष उन सीमाओं से बाहर रहता है। इस प्रकार दोनों पक्षों की स्थिति कमोबेश समान है। इन तथ्यों को स्वीकार करते हुए भी सभा में ऐसे अवसर हैं। मैं आपकी मुखरता का स्वागत करूँगा। मैं सरकार से इस क्रम में जहाँ उदार होने की अपेक्षा करता हूँ, वहीं प्रतिपक्ष से भी विनम्र आग्रह करता हूँ कि सभा में विरोध मुद्दों पर आधारित हो, न कि राजनीति पर आधारित। अंत में आप सभी अपने दायित्व निर्वहन में कामयाब हों, इन्हीं कामनाओं के साथ मैं आप सभी को यह स्मरण दिलाना चाहता हूँ कि आज का अवसर ऐतिहासिक है, जब पंचम विधानसभा के प्रथम बजट सत्र में हम इस भव्य भवन में एकत्र हुए हैं। इस भवन की भव्यता तभी सार्थक होगी, जब हम अपने विचार और व्यवहार में भव्यता लाकर जनता के व्यापक हित में कार्य करेंगे। सभा के पीठासीन अधिकारी की हैसियत से मैं आप सभी के उज्ज्वल भविष्य की एक बार फिर से कामना करता हूँ। धन्यवाद!

□

# पंचम झारखंड विधानसभा का तृतीय (मानसून) सत्र

**( दिनांक : 18 सितंबर, 2020 )**

**अध्यक्षीय प्रारंभिक वक्तव्य**

पंचम झारखंड विधानसभा के तृतीय और वर्ष 2020 के मानसून सत्र में आप सभी का हार्दिक स्वागत और अभिनंदन! कुल तीन कार्यदिवस का यह महत्त्वपूर्ण सत्र एक ऐसे दौर में आहूत किया गया है, जब पूरी दुनिया नोवल कोरोना वायरस (कोविड-19) की महामारी से गुजर रही है। दिसंबर 2019 में इस संक्रमण का पहला मामला जब सामने आया था तो यह कल्पना से परे था कि यह विभीषिका इतना विकराल रूप ले लेगी कि जीवन को गतिहीन कर देगी। लॉकडाउन या तालाबंदी स्वास्थ्य विशेषज्ञों द्वारा इस महामारी का एकमात्र तार्किक उपाय बताया गया और मानव सभ्यता के इतिहास में इस महामारी का प्रभाव इतना व्यापक है कि इसे 'कोरोनाकाल' की संज्ञा दी गई और जीवन जीने के तरीके में इसके द्वारा जो परिवर्तन लाया गया है, निश्चय ही उसका प्रभाव मानव जीवन के प्रत्येक पहलू पर लंबे समय तक दृष्टिगोचर होगा। दुनिया के करोड़ों लोग अब तक इस महामारी से संक्रमित हो चुके हैं। इसके कारण लाखों जिंदगियाँ काल के गाल में समा गईं। लगभग छह माह का समय बीत चुका है, हमारी आर्थिक, शैक्षणिक सहित अन्य गतिविधियों को थमे हुए। दुनिया, राष्ट्र और राज्य आज बुरे दौर से गुजर रहे हैं। सकल घरेलू उत्पाद में अप्रत्याशित

कमी, उपभोक्ता मूल्यों में बेतहाशा वृद्धि और बढ़ती बेरोजगारी हमारे सामने गंभीर चुनौती और समस्या बनकर खड़ी है। पिछले छह माह से शैक्षणिक संस्थान बंद हैं, इस शैक्षणिक वर्ष में एक भी दिन स्कूल-कॉलेज नहीं खुला, यद्यपि कुछ विद्यालयों द्वारा छात्रों को ऑनलाइन पढ़ाने की व्यवस्था की गई है, परंतु जो देश पूर्ण रूप से डिजिटल डिवाइस से ग्रसित हैं एवं जहाँ की विद्यालय व्यवस्था असमान है, वहाँ ऑनलाइन पढ़ाई विद्यालय का विकल्प कदापि नहीं हो सकता। इस बीच कोरोना महामारी की विभीषिका के बीच पूरा मानव समाज अपने वैज्ञानिकों की ओर देख रहा है, जो दिन-रात कड़ी मेहनत कर इस महामारी का टीका खोजने में लगे हैं। पूरी दुनिया के कई संस्थानों ने इस दिशा में उत्कृष्ट कार्य किया है और हमें गर्व है कि हमारे देश के बहुत सारे संस्थान मानव समाज की सुरक्षा करने की इस मुहिम में पूरी तत्परता से लगे हैं। इस बीच इस महामारी से लड़ने में हमारे कोरोना योद्धा, हमारे डॉक्टर, पूरा मेडिकल स्टाफ, नर्स, प्रशासन एवं पुलिसकर्मी, सामाजिक संगठन, जो जान की परवाह किए बिना पूरी तन्मयता से लगे हैं। अपनी सेवा भावना से जिस प्रकार उन्होंने मानव जाति की जिजीविषा को परिभाषित किया है, उससे मुझे हरिवंश राय बच्चनजी की पंक्तियाँ बरबस याद आ जाती हैं—

> ***पिछले छह माह से शैक्षणिक संस्थान बंद हैं, इस शैक्षणिक वर्ष में एक भी दिन स्कूल-कॉलेज नहीं खुला, यद्यपि कुछ विद्यालयों द्वारा छात्रों को ऑनलाइन पढ़ाने की व्यवस्था की गई है, परंतु जो देश पूर्ण रूप से डिजिटल डिवाइस से ग्रसित हैं...***

*एक चिड़िया चोंच में तिनका लिये जो जा रही है,*
*वह सहज में ही पवन उंचास को नीचा दिखाती!*
*नाश के दुःख से कभी दबता नहीं निर्माण का सुख,*
*प्रलय की निस्तब्धता से सृष्टि का नव गान फिर-फिर!*
*नीड़ का निर्माण फिर-फिर, नेह का आह्वान फिर-फिर!*

प्रलय के बाद नई सृष्टि के निर्माण का वक्त है। हमें समवेत होना होगा, परस्पर सहकार के साथ आगे बढ़ना होगा। हमें यह प्रयास करना होगा कि हमारे जिन नौनिहालों, जिनकी पढ़ाई बाधित हुई है, समय जब अनुकूल हो जाए तो उनके अधूरे शिक्षण कार्य की भरपाई हो सके। हमें रोजगार के नए अवसर तलाशने होंगे और दूसरों पर लोगों की निर्भरता को कम करने के ठोस प्रयास करने होंगे। मानव सभ्यता के इतिहास में बहुत बार विषम परिस्थितियाँ उत्पन्न हुई हैं, लेकिन मनुष्य बार-बार गिरकर फिर से उठ खड़ा हुआ है। हमें भरोसा है आज के नेतृत्व पर और उनकी क्षमता पर। निर्माण की नई दिशा तय करने के लिए हमारा नेतृत्व सामने आया है और हमारा भरोसा है कि सभी का सहयोग दलीय प्रतिबद्धताओं से बाहर आकर इस नेतृत्व को मिलेगा। झारखंड की सवा तीन करोड़ जनता की शुभकामनाएँ और शुभेच्छाएँ जब हमारे साथ होंगी तो हम निश्चित ही कामयाब होंगे।

***प्रलय के बाद नई सृष्टि के निर्माण का वक्त है। हमें समवेत होना होगा, परस्पर सहकार के साथ आगे बढ़ना होगा। हमें यह प्रयास करना होगा कि हमारे जिन नौनिहालों, जिनकी पढ़ाई बाधित हुई है, समय जब अनुकूल हो जाए तो उनके अधूरे शिक्षण कार्य की भरपाई हो सके।***

मेरे साथ-साथ सदन के प्रत्येक सदस्य को यह ज्ञात है कि विगत 25 मार्च, 2020 की अर्धरात्रि से देश में जब रेलगाड़ियों के पहिए थम गए थे, हवाई उड़ानों के साथ-साथ आम जनता की सड़क परिवहन प्रणाली अचानक बंद हो गई थी तो देश त्राहिमाम कर उठा था। विभिन्न राज्यों से देश के औद्योगिक और बड़े शहरों में जाकर काम करनेवाले लोग फँस गए थे। भविष्य की चिंता से ग्रस्त होकर हमारे ही समाज का बड़ा श्रमिक वर्ग किसी तरह अपने घर की ओर लौटने की चिंता से ग्रस्त होकर विलाप कर रहा था तो हमारे मुख्यमंत्री श्री हेमंत सोरेन ने अपने दृढ़ निश्चय का परिचय देते हुए उनकी घर वापसी का कारगर प्रबंध किया। यह उन्हीं के सद्प्रयासों का सुपरिणाम था कि देश

की पहली श्रमिक रेलगाड़ी झारखंड की राजधानी राँची आई और इसके बाद ही दूसरे राज्यों में भी उनकी वापसी का रास्ता खुला। हम माननीय मुख्यमंत्री सहित पूरी सरकार को इसके लिए धन्यवाद देते हैं कि श्रमिकों को लेकर झारखंड आनेवाली रेलगाड़ियों की संख्या लगभग साठ (60) रही। इसी तरह झारखंड देश का पहला राज्य रहा, जिसने अपने प्रवासी मजदूरों को अपने खर्च पर हवाई मार्ग से घर वापसी करने का काम सुनिश्चित किया। इतना ही नहीं, जो भी प्रवासी झारखंड आए, क्वारंटाइन अवधि में उनके आवासन, भोजन और चिकित्सा के साथ--साथ उनके परिजनों की देखभाल का काम भी इस सरकार ने किया है। निस्संदेह कोरोना से निपटना एक चुनौती का काम है, लेकिन सरकार ने इस चुनौती को स्वीकार करके इसे आगे बढ़ने के अवसर के रूप से देखकर अत्यंत सराहनीय कार्य किया है। महामारी के इस दौर में हमारे कई माननीय विधायक भी संक्रमण की चपेट में आए। इनमें सत्ता पक्ष के भी थे और प्रतिपक्ष के भी। आज प्राय: सभी लोग स्वस्थ होकर हमारे बीच हैं, इस बात की हमें खुशी है।

कोरोना संक्रमण के आलोक में सुरक्षात्मक उपायों के तहत सभा के इस सत्र में सदन के बाहर और भीतर जो व्यवस्था की गई है, वह आप सभी माननीय सदस्यों की हिफाजत की दृष्टि से आवश्यक है। यद्यपि इससे आप सभी को थोड़ी असुविधा तो निश्चित हो हुई होगी, किंतु स्वास्थ्य एवं चिकित्सा संबंधी आवश्यक मानकों के पालन के निमित्त यह आवश्यक है। शासन व्यवस्था के निर्धारण के क्रम में आवश्यक शारीरिक दूरी सदस्यों के

***कोरोना संक्रमण के आलोक में सुरक्षात्मक उपायों के तहत सभा के इस सत्र में सदन के बाहर और भीतर जो व्यवस्था की गई है, वह आप सभी माननीय सदस्यों की हिफाजत की दृष्टि से आवश्यक है। यद्यपि इससे आप सभी को थोड़ी असुविधा तो निश्चित हो हुई होगी, किंतु स्वास्थ्य एवं चिकित्सा संबंधी आवश्यक मानकों के पालन के निमित्त यह आवश्यक है।***

बीच स्थापित करने का प्रयास किया गया है, अतः माननीय सदस्यों से इस क्रम में मैं अपेक्षित सहयोग की अपेक्षा करता हूँ।

विधानसभा के इस सत्र में सरकार वित्तीय वर्ष 2020-21 का अपना पहला अनुपूरक बजट पेश करेगी। इसी के साथ कुछ महत्त्वपूर्ण विधेयकों के भी लाए जाने की संभावना है। माननीय सदस्यों के बहुमूल्य सुझावों के साथ हमारा वित्तीय और विधायन संबंधी कार्य पूरा होगा, ऐसी उम्मीद मुझे है। पिछले सत्र से अब तक की अवधि का जो बड़ा अंतराल रहा है, उसके बीच बहुत सारी समस्याएँ सामने आई हैं। उनका समाधान प्रश्न, ध्यानाकर्षण और शून्यकाल जैसी सूचनाओं के माध्यम से हो सकेगा, मुझे यह उम्मीद भी है। यद्यपि यह सत्र छोटा है, तथापि यह सार्थक और सदुपयोगी होगा, यह विश्वास मुझे है। मैं आप सबसे पूर्ण सहयोग की अपेक्षा करता हूँ।

□

# पंचम झारखंड विधानसभा का तृतीय (मानसून) सत्र

**( दिनांक : 22 सितंबर, 2020 )**

**अध्यक्षीय समापन भाषण**

पंचम झारखंड विधानसभा का तृतीय (मानसून) सत्र अब समापन की ओर है।

कोविड-19 के संक्रमण काल में आहूत वर्तमान सत्र का हम सभी ने अधिकाधिक सदुपयोग किया है, तथापि मुझे यह कहने में संकोच नहीं है कि हम इसे और ज्यादा बेहतर तरीके से उपयोग कर सकते थे। संसदीय व्यवस्था में विरोध और असहमति का भी सार्थक उपयोग किया जा सकता है। कार्य-संचालन के प्रावधानों और संसदीय परंपराओं के तहत हम सभा में सार्थक चर्चा कर कार्यपालिका को विधायिका के प्रति और ज्यादा उत्तरदायी बनाने में सक्षम हो सकते हैं। हमें यह ध्यान रखना चाहिए कि राज्य की जनता हमें उनकी समस्याओं के समाधान के लिए चुनती है और हमें उनके इस विश्वास पर खरा उतरने का प्रयास करना चाहिए।

तीन दिनों की कार्यावधि के लिए कुल 70 अल्पसूचित प्रश्न, 61 तारांकित प्रश्न एवं 29 अतारांकित प्रश्न स्वीकृत किए गए, जिनमें 2 अल्पसूचित प्रश्नों के उत्तर सभा में दिए गए। शून्यकाल की 46 सूचनाएँ सभा में पढ़ी गईं। सभा में वक्तव्य हेतु 10 ध्यानाकर्षण सूचनाएँ स्वीकार की गईं। गैर-सरकारी संकल्प की कुल 17 सूचनाएँ सभा में ली गईं। इस

छोटे से सत्र में विनियोग विधेयक सहित कुल 9 विधेयक सभा में पेश किए गए और पारित हुए। महालेखाकार का अंकेक्षण प्रतिवेदन सभा पटल पर रखा गया और हमें विश्वास है कि लोक लेखा समिति इस अंकेक्षण प्रतिवेदन में निहित कंडिकाओं पर सरकार के उत्तर प्राप्त कर उसका निष्पादन करेगी। इस सत्र में विधानसभा की समितियों ने अपना प्रतिवेदन सभा पटल पर रखा है। मैं आशा करता हूँ कि इन प्रतिवेदनों में की गई अनुशंसाओं का क्रियान्वयन सरकार ससमय कर समिति को सूचित करेगी। इस सत्र में कई विभागों ने नियमावली की प्रतियाँ सभा पटल पर पेश की हैं, जिसकी विधानसभा की प्रत्यायुक्त विधान समिति समीक्षा करेगी और अपना प्रतिवेदन सभा के समक्ष रखेगी, ऐसा मुझे पूर्ण विश्वास है।

***महालेखाकार का अंकेक्षण प्रतिवेदन सभा पटल पर रखा गया और हमें विश्वास है कि लोक लेखा समिति इस अंकेक्षण प्रतिवेदन में निहित कंडिकाओं पर सरकार के उत्तर प्राप्त कर उसका निष्पादन करेगी। इस सत्र में विधानसभा की समितियों ने अपना प्रतिवेदन सभा पटल पर रखा है।***

माननीय सदस्यगण, इस सत्र में कोविड–19 से उत्पन्न स्थिति पर सभा में विशेष चर्चा भी हुई। झारखंड जैसे छोटे राज्य के सामने यह बहुत बड़ी चुनौती है कि हम किस प्रकार अपने मानव संसाधनों का उपयोग कर उन्हें सामाजिक सुरक्षा प्रदान करें और उनके सम्मानपूर्वक जीवनयापन हेतु मार्ग प्रशस्त करें। इस दिशा में राज्य सरकार के प्रयास सराहनीय हैं।

इस सत्र के सफलतापूर्वक संचालन में राज्य सरकार के विभिन्न विभागों के पदाधिकारियों तथा पुलिस सेवा के पदाधिकारियों एवं स्वास्थ्य विभाग की टीम ने जिस प्रकार सहयोग किया है, इसके लिए वे धन्यवाद के पात्र हैं। कोविड–19 के दिशा–निर्देशों का पालन करते हुए सभा सचिवालय के पदाधिकारियों/कर्मियों से कार्य–संचालन में जो सहयोग प्राप्त हुए हैं, वे सराहनीय हैं।

माननीय सदस्यगण, आनेवाला समय त्योहारों का समय है। दुर्गापूजा, दीपावली, छठ एवं मिलाद-उन-नबी पर्व का हम स्वागत करने हेतु तत्पर हैं। मैं माननीय सदस्यों के साथ-साथ राज्य की जनता से अनुरोध करना चाहूँगा कि वे कोविड-19 के दिशा-निर्देशों के तहत ही मास्क पहनकर घर से बाहर निकलें और सामाजिक दूरी का पालन करें। यही हमारे लिए सुरक्षा कवच है।

आनेवाले त्योहारों के लिए मैं आप सभी को हार्दिक शुभकामनाएँ प्रकट करता हूँ।

इसके साथ ही सभा की कारवाई अनिश्चित काल के लिए स्थगित करने की घोषणा करता हूँ।

□

# पंचम झारखंड विधानसभा का चतुर्थ (विशेष) सत्र

**( दिनांक : 11 नवंबर, 2020 )**

**अध्यक्षीय प्रारंभिक वक्तव्य**

पाँचवीं झारखंड विधानसभा के चौथे (विशेष) सत्र में आप सभी माननीय सदस्यों का हार्दिक स्वागत एवं अभिनंदन।

सभा का पिछला सत्र, जो अभी फिलहाल में ही समाप्त हुआ है और सत्र की छोटी सी अवधि में देश और विदेश के राजनीतिक पटल पर बहुत सारे परिवर्तन हो चुके हैं। संयुक्त राज्य अमेरिका में हुए राष्ट्रपति चुनाव में जो. बाइडन की जीत और उनके साथ-साथ भारतीय मूल की श्रीमती कमला हैरिस के उपराष्ट्रपति के रूप में निर्वाचन से अंतरराष्ट्रीय राजनीतिक पटल पर नई उम्मीदें जगी हैं।

बिहार विधानसभा के लिए आम चुनाव संपन्न हो गए हैं। इसी के साथ कई अन्य राज्यों में भी उपचुनाव संपन्न हुए हैं। कोरोना महामारी के दौर में चुनाव कार्यों का संपादन एक दुरूह कार्य था एवं चुनाव आयोग ने जिस प्रकार से इसे सफल कराया है, उसके लिए उसके पदाधिकारी एवं कर्मी बधाई के पात्र हैं। अपने राज्य झारखंड में भी दो सीटों के लिए विधानसभा के उपचुनाव हुए। दुमका सीट पर संवैधानिक बाध्यता के कारण माननीय मुख्यमंत्री द्वारा यह सीट रिक्त किए जाने पर एवं बेरमो सीट पर कांग्रेस पार्टी के वरिष्ठ नेता स्व. राजेंद्र प्रसाद सिंहजी के निधन के कारण उपचुनाव कराया

गया। दुमका से श्री बसंत सोरेन एवं बेरमो से श्री कुमार जयमंगल (अनुप सिंह) की जीत के लिए हम उन्हें बधाई देते हैं और उम्मीद करते हैं कि अपने विधायी कार्यकाल के दौरान वे अपने क्षेत्र की जनता के लिए विधायी मंत्र सहित अन्य स्थानों में भी भरपूर मेहनत करके उनके सर्वांगीण विकास के लिए समर्पित रहेंगे।

माननीय सदस्यगण! अलग राज्य के रूप में झारखंड के निर्माण का आंदोलन यहाँ की अनुसूचित जनजातियों, विभिन्न समुदायों की अस्मिता और उनकी पहचान को लेकर भी था। आज से 20 वर्ष पूर्व इसी अस्मिता और पृथक् पहचान को लेकर इस राज्य का निर्माण हुआ। यहाँ की अनुसूचित जनजाति समुदाय के लोगों की वर्षों से यह माँग थी कि दस वर्षों के अंतराल पर भारत सरकार की देखरेख में जो जनगणना कराई जाती है, उसमें धर्म के कॉलम में उनकी पृथक् पहचान को स्वीकार किया जाए। आपको विदित है कि उन्हें अब तक वह पहचान नहीं मिल पाई है। उनकी सोच और भावनाओं को सम्मान देते हुए झारखंड के माननीय मुख्यमंत्री श्री हेमंत सोरेन के नेतृत्ववाली सरकार ने इस हेतु ठोस पहल करने का प्रयास किया है और इसी आलोक में इस सत्र को आहूत किया गया। आज सरकार के द्वारा इस निमित्त सदन में एक प्रस्ताव प्रस्तुत किया जाएगा एवं अन्य निर्धारित विधायी कार्यक्रम कार्यसूची के अनुरूप होंगे। आपको धन्यवाद देते हुए मैं अब आगे की काररवाई को लेता हूँ।

***अलग राज्य के रूप में झारखंड के निर्माण का आंदोलन यहाँ की अनुसूचित जनजातियों, विभिन्न समुदायों की अस्मिता और उनकी पहचान को लेकर भी था। आज से 20 वर्ष पूर्व इसी अस्मिता और पृथक् पहचान को लेकर इस राज्य का निर्माण हुआ।***

□

# पंचम झारखंड विधानसभा का पंचम (बजट) सत्र

**( दिनांक : 26 फरवरी, 2021 )**

**अध्यक्षीय प्रारंभिक वक्तव्य**

पंचम झारखंड विधानसभा के पंचम बजट सत्र में आप सभी का हार्दिक अभिनंदन! इस सत्र में माननीय राज्यपाल महोदया, अपने संवैधानिक दायित्वों को पूरा करने के निमित्त आपको संबोधित करेंगी। सदियों से स्थापित संसदीय परंपरा के अनुसार सभा में माननीय राज्यपाल के अभिभाषण को अत्यंत गरिमा एवं प्रतिष्ठा का अवसर माना जाता है। इस अवसर की पवित्रता को देखते हुए सभा के माननीय सदस्यों से अनुशासन एवं शालीनता के सिद्धांतों का अनुपालन करते हुए सभा में व्यवस्था बनाए रखने की अपेक्षा की जाती है। माननीय सदस्यगण! आप सभी को स्मरण होगा कि पिछले बजट सत्र के दौरान कोरोना महामारी के कारण पूरे देश में लॉकडाउन लागू हो गया, जिसके कारण सदन बीच में ही बाधित हो गया। लॉकडाउन हटने के बाद भी सुरक्षा के दृष्टिकोण से सत्र आवश्यकतानुसार ही चल पाया है, जिसके कारण आप सभी को जनहित के मुद्दे उठाने हेतु समुचित अवसर प्राप्त नहीं हो पाए हैं। विधानसभा के इस बजट सत्र में कुल 16 बैठकें निर्धारित हैं।

जिसमें सरकार द्वारा वित्तीय वर्ष 2020-21 के अनुपूरक बजट तथा वित्तीय वर्ष 2021-22 के बजट का उपस्थापन किया जाएगा। आप सभी को उपस्थापित होनेवाले बजट की अनुदान माँगों पर कटौती प्रस्ताव के माध्यम

से सरकार की योजनाओं की समीक्षा करने का अवसर प्राप्त होगा। माननीय राज्यपाल के अभिभाषण पर धन्यवाद प्रस्ताव पर चर्चा के समय भी सार्थक बहस के अवसर प्राप्त होंगे।

बजट प्रस्तावों, अनुदानों की माँगों और कटौती प्रस्ताव पर चर्चा के दौरान सदस्यों के जो उपयोगी और सार्थक सुझाव आते हैं, उन्हें आनेवाले वित्तीय वर्षों के बजट या चालू वित्तीय वर्ष के ही अनुपूरक बजटों में समाहित किया जा सकता है। आज के अवसर पर मैं माननीय सदस्यों से अपील करूँगा कि जनहित के वैसे मुद्दों को सदन पटल पर अवश्य रखें, जिनको पूरा करने के लिए वित्तीय आवंटन की आवश्यकता है।

इसी क्रम में मैं 5 फरवरी, 2021 को श्री हफिजुल हसन, जो इस सरकार में नए मंत्री के रूप में शामिल हुए हैं, विधानसभा के इस सत्र में हम उनका स्वागत करते हैं।

□

# पंचम झारखंड विधानसभा का पंचम (बजट) सत्र

**( दिनांक : 23 मार्च, 2021 )**

**अध्यक्षीय समापन भाषण**

पंचम झारखंड विधानसभा का पंचम सत्र अब अपने समापन की ओर है। प्रत्येक वर्ष की भाँति इस बार भी बजट सत्र का आयोजन किया गया एवं इसकी शुरुआत संवैधानिक प्रावधानों के अनुरूप माननीया राज्यपाल महोदया के अभिभाषण से हुई। माननीया राज्यपाल महोदया ने 'विकास मूलमंत्र और आधार लोकतंत्र' की उद्घोषणा के साथ वर्तमान सरकार की नीतियों एवं कार्यक्रम के संबंध में इस पवित्र सदन को सरकार का लेखा-जोखा प्रस्तुत किया। वैसे तो सरकार की बहुत सारी जनहित की प्राथमिकताएँ राज्यपाल महोदया के अभिभाषण में इंगित की गईं, पर आज मैं इस समापन भाषण के माध्यम से राज्यपाल महोदया के भाषण के दौरान उद्धृत दो सरकारी योजनाओं की चर्चा करना चाहूँगा। राज्य सरकार द्वारा राज्य भर के 80 उत्कृष्ट विद्यालयों तथा 325 प्रखंड स्तरीय लीडर स्कूल के साथ-साथ 4091 ग्राम पंचायत स्तरीय आदर्श विद्यालयों की परिकल्पना की बात की गई, जिसमें प्रथम चरण में 27 उत्कृष्ट विद्यालयों अथवा School of Excellence का चयन किया गया है। राज्य सरकार के द्वारा शिक्षा की गुणवत्ता की दिशा में उठाया गया यह एक अत्यंत ही महत्त्वपूर्ण कदम है, जो हमारे भविष्य निर्माण की दिशा में मील का पत्थर साबित होगा। साथ ही मरांग गोमके

जयपाल सिंह मुंडा 'पारदेशीय छात्रवृत्ति योजना, 2020' एक ऐसी योजना है, जो हमारे राज्य के छात्रों के लिए दुनिया के दरवाजे खोलने का काम करेगी, ताकि वे अपने अध्ययन क्षेत्र में विश्वस्तरीय ज्ञान अर्जन कर सकें एवं केवल अपने राज्य ही नहीं, वरन् समस्त मानव जाति के लिए महत्त्वपूर्ण योगदान दे सकें। इस बजट सत्र में कुल 16 बैठकें निर्धारित थीं। सरकार ने वित्तीय वर्ष 2021 के द्वितीय अनुपूरक बजट एवं वित्तीय वर्ष 2021-22 के बजट का उपस्थापन किया, जिस पर अनुदान माँगों पर चर्चा के क्रम में पक्ष एवं विपक्ष के माननीय सदस्यों ने सार्थक विचार व्यक्त कर इसे पारित करने में अपनी गंभीर भूमिका का निर्वहन किया है। बैठक के लिए प्रारंभ में हमने कुल 62 घंटे निर्धारित किए थे, परंतु वास्तव में लगभग 65 घंटे सदन की काररवाई चली। इस प्रकार केवल समय के उपयोग के आधार पर देखा जाए तो हमारी सफलता 105 प्रतिशत है। इस सत्र में कुल 141 निवेदन प्राप्त हुए हैं, जिनमें से 134 निवेदन स्वीकृत हुए। इन सभी स्वीकृत निवेदनों को संबंधित विभाग को भेजने का शासन द्वारा निर्देश दिया गया है।

> ***सरकार ने वित्तीय वर्ष 2021 के द्वितीय अनुपूरक बजट एवं वित्तीय वर्ष 2021-22 के बजट का उपस्थापन किया, जिस पर अनुदान माँगों पर चर्चा के क्रम में पक्ष एवं विपक्ष के माननीय सदस्यों ने सार्थक विचार व्यक्त कर इसे पारित करने में अपनी गंभीर भूमिका का निर्वहन किया है।***

इस सत्र में कुल 1181 प्रश्न स्वीकृत हुए, जिनमें अल्पसूचित प्रश्न 302, तारांकित प्रश्न 754 तथा 125 प्रश्न अतारांकित कोटि के थे। जिनमें से 38 अल्पसूचित प्रश्न एवं 53 तारांकित प्रश्न सदन में उत्तरित हुए। कुल 1016 प्रश्नों के उत्तर विभाग से प्राप्त हुए एवं शेष 165 प्रश्नों के उत्तर विभिन्न विभागों से प्राप्त किए जाने हैं। ऑनलाइन प्रश्नोत्तर सूचना प्रणाली के माध्यम से विभागों द्वारा कुल 70.38 प्रतिशत उत्तर प्राप्त कराए गए। इस सत्र में कुल 426 शून्यकाल प्राप्त हुए,

जिनमें से 349 शून्यकाल स्वीकृत हुए, 44 गैर-सरकारी संकल्प भी प्राप्त हुए एवं 75 ध्यानाकर्षण सूचनाएँ स्वीकृत की गईं, जिनमें से 43 ध्यानाकर्षण सूचनाएँ सदन में उत्तरित हुईं।

इस सत्र में दो विनियोग विधेयक सहित कुल 10 सरकारी विधेयक सदन में विचार के लिए आए। सभा ने सार्थक चर्चा कर 9 विधेयकों पर अपनी स्वीकृति की मोहर लगाई है एवं एक विधेयक प्रवर समिति को सौंपा गया। सभा पटल पर सरकार द्वारा 2020-21 का आर्थिक सर्वेक्षण रखा गया। सर्वेक्षण की रिपोर्ट पढ़ने से यह ज्ञात होता है कि देश के बाकी हिस्सों की तरह कोविड-19 ने झारखंड की अर्थव्यवस्था को भी बुरी तरह प्रभावित किया है। चालू वित्तीय वर्ष (2020-21) में राज्य के सकल राज्य घरेलू उत्पाद (GSDP), स्थिर मूल्य (Real GSDP) में 6.9 प्रतिशत और प्रचलित मूल्य (Nominal GSDP) में 3.2 प्रतिशत तक संकुचन की संभावना है। मेरी आशा है कि राज्य सरकार के प्रयासों से राज्य की अर्थव्यवस्था में उत्तरोत्तर सुधार होगा और मेरी यह आशा और भी बलवती इसलिए हो जाती है, क्योंकि राज्य सरकार ने कोविड संक्रमण के कठिन समय में राज्यवासियों का भरपूर खयाल रखा है, जिसकी प्रशंसा हर ओर से की गई है।

*इस सत्र में दो विनियोग विधेयक सहित कुल 10 सरकारी विधेयक सदन में विचार के लिए आए। सभा ने सार्थक चर्चा कर 9 विधेयकों पर अपनी स्वीकृति की मोहर लगाई है एवं एक विधेयक प्रवर समिति को सौंपा गया।*

इस सत्र में झारखंड विधानसभा की पाँच समितियों द्वारा अपना प्रतिवेदन सभा पटल पर रखा। आशा करता हूँ कि सभी समितियाँ सुचारु रूप से अपना काम करेंगी। जब सत्र नहीं चल रहा होता है तो इन्हीं समितियों के माध्यम से जनता की समस्याओं का निदान होता है।

मैं इस सत्र के सफलतापूर्वक संचालन के लिए पक्ष और विशेषकर विपक्ष के तमाम सदस्यों, माननीय सदन नेता, माननीय मंत्रिगण, सरकार

के तमाम विभागाध्यक्षों, कर्मचारियों/पदाधिकारियों, जिन्होंने दिन-रात मेहनत करके प्रश्नों का उत्तर सही समय पर देकर हमारे काम को आसान किया, सबको धन्यवाद देता हूँ। पुलिस प्रशासन के अधिकारी और एक-एक जवान इस सत्र के सफल संचालन के लिए बधाई के पात्र हैं, जिन्होंने कठिन मेहनत करके सभा के कार्यों को शांतिपूर्वक संपन्न करने में अपना महत्त्वपूर्ण योगदान दिया है। अपने कार्यों के लिए मैं सभी को अपनी तरफ से तहेदिल से धन्यवाद देता हूँ। मैं शुक्रगुजार हूँ इलेक्ट्रॉनिक और प्रिंट मीडिया के तमाम साथियों का, जिन्होंने विधानसभा की कारवाई का अच्छी तरह से प्रकाशन और प्रसारण करके हमारे प्रयासों को जन-जन से अवगत कराया। मैं सभा सचिवालय के कर्मचारियों/पदाधिकारियों को भी धन्यवाद देना चाहता हूँ, जिन्होंने दिन-रात एक करके सत्र संचालन में शासन का भरपूर सहयोग किया है। सदन में पक्ष और विपक्ष के बीच वाद-विवाद से ही जनआकांक्षाओं का फलीभूत होना संभव हो पाता है। कई बार वाद-विवाद की ऊष्मा से सदन में व्यवधान भी आते हैं, परंतु मैं जानता हूँ कि पक्ष और विपक्ष के समेकित सहयोग से हम विधायिका के रूप में अपने उद्देश्यों को पूरा करने में सफल रहे हैं।

*मैं शुक्रगुजार हूँ इलेक्ट्रॉनिक और प्रिंट मीडिया के तमाम साथियों का, जिन्होंने विधानसभा की कारवाई का अच्छी तरह से प्रकाशन और प्रसारण करके हमारे प्रयासों को जन-जन से अवगत कराया। मैं सभा सचिवालय के कर्मचारियों/ पदाधिकारियों को भी धन्यवाद देना चाहता हूँ, जिन्होंने दिन-रात एक करके सत्र संचालन में शासन का भरपूर सहयोग किया है।*

आज झारखंड विधानसभा के लिए और एक गौरव का दिन है कि पूरे देश में राजस्थान विधानसभा के बाद हम देश की दूसरी विधानसभा हैं, जिसने सोशल मीडिया प्लेटफॉर्म के माध्यम से सदन की कारवाई को स्वायत्त रूप से प्रकाशित करने का निर्णय लिया है। मुझे आशा है कि ऐसा कर हम जनहित

के मुद्दों पर प्रभावी ढंग से कार्य कर पाएँगे। इसमें आप सभी माननीय सदस्यों के सुझाव एवं सहयोग प्रार्थित है।

सत्र समापन के बाद आनेवाले रंगों के त्योहार होली, ईसा के बलिदान का पर्व गुड फ्राइडे, प्रकृति का पर्व सरहुल, पोइला बैशाख, रामनवमी एवं ईद-उल-फितर की शुभकामनाएँ देते हुए मैं सभा की काररवाई अनिश्चित काल के लिए स्थगित करता हूँ। बहुत-बहुत धन्यवाद!

□

# पंचम झारखंड विधानसभा का षष्ठम (मानसून) सत्र

**( दिनांक : 3 सितंबर, 2021 )**

**अध्यक्षीय प्रारंभिक वक्तव्य**

पंचम झारखंड विधानसभा के षष्ठम (मानसून) सत्र में आप सभी का हार्दिक स्वागत और अभिनंदन! 3 सितंबर से प्रारंभ होकर 9 सितंबर, 2021 तक आहूत सत्र में कुल पाँच (5) कार्यदिवस प्रस्तावित हैं, जिसमें विधानसभा के सत्र में नहीं रहने की अवधि में माननीय राज्यपाल द्वारा प्रख्यापित अध्यादेशों की प्रमाणिकृत प्रतियों को सभा पटल में रखने के साथ ही वित्तीय वर्ष 2021-22 के प्रथम अनुपूरक व्यय विवरणी का उपस्थापन किया जाएगा। इसके अतिरिक्त प्रक्रिया तथा कार्य-संचालन के नियमों के अधीन माननीय सदस्यों को जन-सरोकार से जुड़े विषयों और समस्याओं पर सत्र के दौरान प्रश्नकाल, शून्यकाल, ध्यानाकर्षण सूचनाएँ, प्रस्तावों और संकल्पों को उठाने के अवसर भी प्राप्त होंगे।

माननीय सदस्यगण, कोरोना महामारी की दूसरी लहर के बाद आज पहली बार हम एकत्र हो रहे हैं और इस विभीषिका में हममें से हर किसी ने किसी अपने को खोया है। इस महामारी का भय अब तक खत्म नहीं हुआ है, परंतु अपने दायित्वों के निर्वहन के लिए हम सब यहाँ एकत्र हुए हैं।

हमारा भारत अगस्त क्रांति दिवस की 79वीं वर्षगाँठ मना रहा है, जिसे भारत छोड़ो आंदोलन के रूप में भी जाना जाता है। यह दिवस हमारे देश के

स्वतंत्रता संग्राम के इतिहास का एक मील का पत्थर माना जाता है, क्योंकि 8 अगस्त, 1942 को हमारे राष्ट्रपिता महात्मा गांधी ने ब्रिटिश शासन की बेड़ियों को तोड़ने और 'करो या मरो' (Do or Die) का आह्वान किया था। यह दिवस हमें महात्मा गांधी के आदर्शों एवं भारत की आजादी में बलिदान देनेवाले वीर स्वतंत्रता सेनानियों की शौर्य गाथा को मान देने का है। हम सभी को सदन में स्थापित लोकतांत्रिक मूल्यों, संसदीय परंपराओं को मान देना होगा। झारखंड की जनता ने जिस उम्मीद और आकांक्षाओं की पूर्ति हेतु हमें सदन में भेजा है, उनकी उम्मीदों और विश्वास पर हम सभी को खरा उतरना होगा।

***अभी-अभी खेलों का महाकुंभ टोक्यो ओलंपिक समाप्त हुआ है, किसी भी खिलाड़ी के लिए ओलंपिक में हिस्सा लेना ही बहुत बड़ी उपलब्धि होती है और पदक हासिल करना किसी सपने के साकार होने जैसा होता है। भारत ने टोक्यो ओलंपिक में भारोत्तोलक मीराबाई चानू के रजत पदक से शुरुआत की और देश के अभियान का स्वर्णिम सुखांत नीरज चोपड़ा के स्वर्ण पदक के साथ हुआ।***

माननीय सदस्यगण, अभी-अभी खेलों का महाकुंभ टोक्यो ओलंपिक समाप्त हुआ है, किसी भी खिलाड़ी के लिए ओलंपिक में हिस्सा लेना ही बहुत बड़ी उपलब्धि होती है और पदक हासिल करना किसी सपने के साकार होने जैसा होता है। भारत ने टोक्यो ओलंपिक में भारोत्तोलक मीराबाई चानू के रजत पदक से शुरुआत की और देश के अभियान का स्वर्णिम सुखांत नीरज चोपड़ा के स्वर्ण पदक के साथ हुआ। भारत 1980 के पश्चात् शीर्ष 50 में स्थान बनाने में सफल हुआ, ट्रैक एवं फील्ड स्पर्धा में भारत को 13 साल बाद पहला पदक प्राप्त हुआ। हॉकी में 41 वर्षों से चला आ रहा पदक का इंतजार भी समाप्त हुआ। भारोत्तोलन में पहले रजत पदक और मुक्केबाजी में 9 वर्षों के बाद पहला पदक प्राप्त हुआ। पी.वी. सिंधु बैडमिंटन में पदक जीतकर 2 ओलांपिक पदक जीतनेवाली पहली

महिला खिलाड़ी भी बनी। भारतीय महिला हॉकी टीम ने जिस जज्बे के साथ अपनी प्रतिद्वंद्वी टीम का मुकाबला किया, वह सराहनीय है। इस टीम में हमारी झारखंड की दो बेटियाँ सुश्री निक्की प्रधान, सुश्री सलीमा टेटे भी शामिल थीं। भारतीय महिला टीम ने पदक की उम्मीद करोड़ों भारतीय जनमानस के मन में जाग्रत् की, यह किसी पदक से कम नहीं है। मैं टोक्यो पैरालिंपिक खेलों में भाग लेनेवाले देश के समस्त खिलाड़ियों का भी अभिनंदन करता हूँ, जिन्होंने अपनी विपरीत परिस्थितियों में ऊँची उड़ान भरने के जज्बे को दिखाया है और 'हमारे पास भी पंख हैं' की थीम की सार्थकता को सिद्ध किया है।

हाल ही में हमने आजादी के 75वें वर्ष में कदम रखा है। यह दिवस हमारे देश और राज्य के समस्त वीर स्वतंत्रता सेनानियों के त्याग, तपस्या और बलिदान को सम्मान देने का है, जिनकी वजह से आज हम पराधीनता की बेड़ियों से मुक्त होकर आजादी की हवा में साँस ले रहे हैं।

> ***हाल ही में हमने आजादी के 75वें वर्ष में कदम रखा है। यह दिवस हमारे देश और राज्य के समस्त वीर स्वतंत्रता सेनानियों के त्याग, तपस्या और बलिदान को सम्मान देने का है, जिनकी वजह से आज हम पराधीनता की बेड़ियों से मुक्त होकर आजादी की हवा में साँस ले रहे हैं।***

माननीय सदस्यगण! प्रजातंत्र में संसदीय प्रणाली को सर्वोत्तम स्थान प्राप्त है। इसकी आत्मा विधायिका में ही निहित होती है। विधायिका के माध्यम से जनता अपने प्रतिनिधियों के माध्यम से सरकार की नीतियों और उसके कार्यक्रमों में अपनी सहभागिता को भी निभाती है। वर्तमान में कोरोना संकट के दरमियान यद्यपि अपने राज्य को विकासोन्मुखी बनाने के लिए कुछ चुनौतियाँ भी हैं, जिनका सामना हम सबको मिल-जुलकर दलगत भावना से ऊपर उठकर करना होगा। झारखंड की जनता ने हमें सदन के अंदर सत्ता और विपक्ष दोनों को एक सार्थक भूमिका निभाने हेतु अवसर प्रदान किया है। विधायी संस्था की सफलता भी इसी में निहित है कि जब पक्ष और विपक्ष

आपस में एकजुट होकर सदन को चलाने में अपनी सहभागिता निभाएँ। मुझे पूर्ण विश्वास है कि यह सहयोग राज्यहित में मुझे आप सभी से प्राप्त होगा।

इन्हीं शुभकामनाओं सहित विश्वास के साथ आप सभी का पुनः अभिनंदन।

□

# पंचम झारखंड विधानसभा का षष्ठम (मानसून) सत्र

**( दिनांक : 9 सितंबर, 2021 )**

**अध्यक्षीय समापन भाषण**

पंचम झारखंड विधानसभा के षष्ठम सत्र, (मानसून सत्र) जो 3 सितंबर, 2021 से प्रारंभ होकर आज 9 सितंबर, 2021 को समाप्त हो रहा है। इस सत्र में कुल 5 बैठकें हुईं। 3 सितंबर, 2021 को माननीय राज्यपाल महोदय द्वारा प्राख्यापित एक अध्यादेश की प्रति सभा पटल पर रखी गई, विगत् सत्रों में उद्भूत एवं सभा में पारित विधेयकों की विवरणी सभा पटल पर रखी गई, जिस पर माननीय राज्यपाल महोदय ने अपनी अनुमति प्रदान की। पंचम झारखंड विधानसभा के पंचम (बजट) सत्र में विभिन्न विषयों पर सरकार द्वारा दिए गए आश्वासनों से संबंधित कृत कारवाई प्रतिवेदन की प्रति सभा पटल पर रखी गई।

इस छोटे से सत्र में 103 अल्पसूचित, 203 तारांकित एवं 82 अतारांकित प्रश्न सहित कुल 388 प्रश्न स्वीकृत हुए। इनमें से 7 अल्पसूचित, 2 तारांकित प्रश्न सदन में उत्तरित हुए। कुल 300 प्रश्नों के उत्तर विभाग से प्राप्त हुए। सरकार के 14 विभागों ने अपने शत–प्रतिशत उत्तर ऑनलाइन प्रश्नोत्तर व्यवस्था के माध्यम से दिए। इस सत्र में कुल 20 ध्यानाकर्षण सूचनाएँ वक्तव्य हेतु स्वीकृत की गईं, साथ ही कुल 42 निवेदन प्राप्त हुए, जिसमें से 27 निवेदनों को स्वीकृत किया गया। शून्यकाल के माध्यम से 89 सूचनाएँ स्वीकृत की गईं।

इस सत्र में विनियोग विधेयक सहित कुल 8 विधेयक भी पारित हुए, जिनमें से प्रवर समिति द्वारा यथा प्रतिवेदित झारखंड राज्य के निजी क्षेत्र में स्थानीय उम्मीदवारों का नियोजन विधेयक 2021 और झारखंड खुला विश्वविद्यालय विधेयक 2021 प्रमुख हैं। इसके साथ ही नियंत्रक एवं महालेखा परीक्षक, राष्ट्रीय खाद्य सुरक्षा अधिनियम, झारखंड शिक्षा परियोजना परिषद् (समग्र शिक्षा) के प्रतिवेदनों का भी उपस्थापन किया गया।

***मैं सभा के कार्य-संचालन में सभा सचिवालय के पदाधिकारियों एवं कर्मचारियों, झारखंड सरकार के पदाधिकारियों/कर्मचारियों, प्रेस प्रतिनिधियों, समाचार एजेंसी, प्रेस और इलेक्ट्रॉनिक मीडिया सहित आरक्षी बल के जवानों को धन्यवाद देता हूँ, जिन्होंने लगन, निष्ठा के साथ अपने कर्तव्यों का निर्वहन किया है।***

मैं सभा के कार्य-संचालन में सभा सचिवालय के पदाधिकारियों एवं कर्मचारियों, झारखंड सरकार के पदाधिकारियों/कर्मचारियों, प्रेस प्रतिनिधियों, समाचार एजेंसी, प्रेस और इलेक्ट्रॉनिक मीडिया सहित आरक्षी बल के जवानों को धन्यवाद देता हूँ, जिन्होंने लगन, निष्ठा के साथ अपने कर्तव्यों का निर्वहन किया है।

माननीय सदस्यगण, संसदीय लोकतंत्र में विधायिका का स्थान अत्यंत ही महत्त्वपूर्ण है। यह पवित्र स्थल अंतिम संप्रभु झारखंड के साढ़े तीन करोड़ लोगों के प्रति पूरी सरकारी मशीनरी को उत्तरदायी एवं संवेदनशील बनाने का सबसे महत्त्वपूर्ण माध्यम है। पूरे वर्ष में सीमित समय के लिए हम यहाँ बैठते हैं और आपके प्रश्नों एवं सूचनाओं के माध्यम से सरकारी व्यवस्था को अपने कर्तव्यों के प्रति संवेदनशील बनाने में अपनी भूमिका निभाते हैं, परंतु सदन में अनावश्यक व्यवधान से इस पुनीत कर्तव्य का पालन होता मुझे नहीं दिखता। माननीय सदस्यगण! पक्ष और विपक्ष सदन में अपनी-अपनी भूमिका निभाते हैं।

लोकतंत्र में शासन पक्ष के द्वारा चलाया जाता है, लेकिन विपक्ष को अपनी बात रखने का अधिकार है। वाद-विवाद, विरोध-प्रतिरोध लोकतंत्र के अलंकार हैं, परंतु व्यवधान की ऊष्मा से जनहित के मुद्दे दिशाहीन हो जाते हैं।

मुझे आशा ही नहीं पूर्ण विश्वास है कि झारखंड विधानसभा के आगामी सत्रों में आप सभी माननीय सदस्यगण अपनी सक्रिय और सकारात्मक भागीदारी निभाएँगे और पक्ष एवं विपक्ष दोनों का सहयोग मुझे प्राप्त होगा।

माननीय सदस्यगण! आप सभी को पुनः मैं धन्यवाद देता हूँ तथा आनेवाले पर्व-त्योहारों गणेश चतुर्थी, करमा तथा शारदीय नवरात्र की अग्रिम बधाई देता हूँ।

अब सभा की बैठक अनिश्चित काल के लिए स्थगित की जाती है।

धन्यवाद, नमस्कार, जोहार!

□

# पंचम झारखंड विधानसभा का सप्तम (शीतकालीन) सत्र

**( दिनांक : 16 दिसंबर, 2021 )**

**अध्यक्षीय प्रारंभिक वक्तव्य**

पंचम झारखंड विधानसभा के सप्तम् (शीतकालीन) सत्र के शुभारंभ पर मैं आप सभी माननीय सदस्यों का हार्दिक अभिनंदन करता हूँ। वर्तमान सत्र के दौरान कुल पाँच बैठकें निर्धारित हैं। वर्ष–2021–22 के द्वितीय अनुपूरक व्यय विवरण के व्यवस्थापन के लिए एक दिन, राजकीय विधेयक के लिए दो दिन एवं गैर–सरकारी संकल्प के लिए एक दिन निर्धारित है। इसके अतिरिक्त प्रक्रिया तथा कार्य–संचालन के नियमों के अधीन माननीय सदस्यों को जनसरोकार से जुड़े विषयों और समस्याओं पर सत्र के दौरान प्रश्नकाल, शून्यकाल, ध्यानाकर्षण सूचनाएँ, प्रस्तावों और संकल्पों को उठाने के अवसर भी प्राप्त होंगे।

माननीय सदस्यगण, धरती आबा बिरसा मुंडा, वीर सिद्धू–कान्हू, अमर सेनानी बुद्धू भगत, स्वतंत्रता समर के अप्रतिम नायक शेख बिहारी, जतरा टाना भगत और अमर शहीद गणपत राय की यह भूमि झारखंड अपने 21 वर्षों की चिर यौवन अवस्था को पूर्ण कर चुकी है।

यह वर्ष हम सभी के लिए राज्य के उन सभी वीर सपूतों को नमन करने का भी है, जिन्होंने पृथक् राज्य के लिए लंबी लड़ाई लड़ी, लोगों के अधिकार एवं जल, जंगल, जमीन की क्रांतिकारी भावना को आत्मसात् कर संघर्ष किया

था। 21 वर्षों के इस सफर में झारखंड विधानसभा ने जन समस्याओं के निराकरण और राज्य की जनता की उम्मीदों को पूरा करने का प्रयास किया है, उस प्रयास की कड़ी को पूरी सजगता, संवेदनशीलता और निष्ठा से हम सभी को एकजुट होकर आगे बढ़ाना है।

साल 1971 में आज ही के दिन भारतीय सेना के शौर्य और पराक्रम ने पाकिस्तान को घुटनों पर ला दिया था। विजय दिवस पर देश के उन सभी वीर जवानों को मैं नमन करता हूँ, जिनकी वीरता और बहादुरी हमें गौरवान्वित करती है।

यह साल इसलिए भी महत्त्वपूर्ण है कि संसदीय परंपराओं के उत्तरोत्तर विकास के 100 साल भी इस वर्ष पूरे हुए हैं। सितंबर 1921 में आज से लगभग 100 साल पहले पीठासीन पदाधिकारियों की पहली बैठक का आयोजन शिमला में किया गया था, जो उस समय देश की ग्रीष्मकालीन राजधानी थी। यही नहीं, मांटेग्यू चेम्सफोर्ड सुधारों के बाद केंद्रीय विधानमंडल के द्विसदनात्मक हो जाने एवं सदस्यों की संख्या में वृद्धि होने से सभा संचालन हेतु नए संसद् भवन की आधारशिला भी 12 फरवरी, 1921 को रखी गई थी। यह संसद् भवन छह साल बाद 18 फरवरी, 1927 को बनकर तैयार हुआ और तब से अब तक लोकतांत्रिक घटनाक्रमों के क्रमिक विकास का साक्षी रहा है।

*यह साल इसलिए भी महत्त्वपूर्ण है कि संसदीय परंपराओं के उत्तरोत्तर विकास के 100 साल भी इस वर्ष पूरे हुए हैं। सितंबर 1921 में आज से लगभग 100 साल पहले पीठासीन पदाधिकारियों की पहली बैठक का आयोजन शिमला में किया गया था, जो उस समय देश की ग्रीष्मकालीन राजधानी थी।*

माननीय सदस्यगण! हम सब सौभाग्यशाली हैं कि इस गरिमामयी ऐतिहासिक संस्था का अंग बनने का सौभाग्य हम सबको प्राप्त हुआ है। जो संस्था आजादी से पूर्व गोपाल कृष्ण गोखले, विट्ठलभाई पटेल, देशबंधु

चितरंजन दास जैसे महान् विधायकों से एवं आजादी के बाद पं. जवाहरलाल नेहरू, सरदार वल्लभभाई पटेल, लालबहादुर शास्त्री एवं अनेक महान् जनप्रतिनिधियों से सुशोभित हुई, जिन्होंने पिछले 100 वर्षों में लोकतांत्रिक परंपराओं के जो मानदंड स्थापित किए हैं, वे हमें भविष्य में आगे बढ़ने की राह दिखाते हैं।

माननीय सदस्यगण, इस वर्ष के ऐतिहासिक महत्त्व को देखते हुए सभा सचिवालय द्वारा युवाओं को संसदीय व्यवस्था के प्रति जागरूक करने के उद्देश्य से झारखंड छात्र-छात्राओं के सदन की काररवाई संचालित करने का अवसर प्रदान किया था और मुझे प्रसन्नता है कि इस अभिनव प्रयोग को राज्य में और राज्य के बाहर राष्ट्रीय स्तर पर भी सराहा गया।

> ***अभी कुछ समय पहले तक कोरोना वायरस से जूझते हुए आम जनजीवन पटरी पर लौटने लगा था, लेकिन कोराना वायरस के नए रूप ओमिक्रोन के आने से यह समय पुनः एक बार हमें सचेत होकर विकास की गतिविधियों को आगे बढ़ाने का संकल्प लेने का है। इसके लिए हम सभी को एकजुटता से कार्य करना होगा।***

अभी कुछ समय पहले तक कोरोना वायरस से जूझते हुए आम जनजीवन पटरी पर लौटने लगा था, लेकिन कोराना वायरस के नए रूप ओमिक्रोन के आने से यह समय पुनः एक बार हमें सचेत होकर विकास की गतिविधियों को आगे बढ़ाने का संकल्प लेने का है। इसके लिए हम सभी को एकजुटता से कार्य करना होगा।

माननीय सदस्यगण, सत्र के सफल संचालन में आपकी सक्रिय भागीदारी आवश्यक ही नहीं, बल्कि अति आवश्यक है, क्योंकि सदनरूपी जीवंत मंच से राज्य की समस्याओं का निराकरण हो पाता है। यह सब आप सभी के सदन में होने से सार्थक विचार-विमर्श और संसदीय मर्यादाओं और परंपराओं के पालन से ही संभव हो पाएगा।

माननीय सदस्यगण! सदन में सत्ता और विपक्ष की अपनी-अपनी सार्थक भूमिका है, जो प्रजातंत्ररूपी सरिता में निरंतर प्रवाहमान रहते हैं। सदन में जनप्रतिनिधि होने के नाते सभी मिलकर राज्य के विषय में चिंतन-मंथन करते हैं। सदन प्रजातंत्र का आधार-स्तंभ है, जिसके द्वारा जनता विधानसभा में होनेवाली कारवाइयों के माध्यम से सदन में अपने द्वारा चुने गए जनप्रतिनिधियों के आचरण और कारवाई में भागीदारी का आकलन करती है। हम सभी का यह दायित्व है कि अपने आचरण और व्यवहार को मर्यादित रूप में प्रस्तुत कर सदन के समय का सदुपयोग करने में अपनी सार्थक भूमिका निभाएँ, जिससे जनोपयोगी जनसरोकार से संबंधित विभिन्न प्रश्नों को उठाने का अवसर मिल सके। मुझे पूर्ण विश्वास है, आप सभी का सकारात्मक सहयोग राज्य हित में निश्चित रूप से प्राप्त होगा।

इन्हीं शुभकामनाओं सहित विश्वास के साथ आप सभी का पुनः अभिनंदन!

□

# पंचम झारखंड विधानसभा का सप्तम (शीतकालीन) सत्र

**( दिनांक : 22 दिसंबर, 2021 )**

**अध्यक्षीय समापन भाषण**

पंचम झारखंड विधानसभा के सप्तम् (शीतकालीन) सत्र, जो 16 दिसंबर, 2021 से प्रारंभ होकर आज 22 दिसंबर, 2021 को समाप्त हो रहा है। इस सत्र में कुल पाँच (5) बैठकें हुईं। विगत सत्रों में उद्भूत एवं सभा में पारित विधेयकों की विवरणी सभा पटल पर रखी गई, जिस पर माननीय राज्यपाल महोदय ने अपनी अनुमति प्रदान की। पंचम झारखंड विधानसभा के पंचम (बजट) सत्र में विभिन्न विषयों पर सरकार द्वारा दिए गए आश्वासनों से संबंधित कृत काररवाई प्रतिवेदन की प्रति सभा पटल पर रखी गई।

इस छोटे से सत्र में 105 अल्पसूचित, 152 तारांकित एवं 36 अतारांकित प्रश्न सहित कुल 293 प्रश्न स्वीकृत हुए। इनमें से 13 अल्पसूचित, 10 तारांकित प्रश्न सदन में उत्तरित हुए। कुल 251 प्रश्नों के उत्तर विभाग से प्राप्त हुए। कुल 92 प्रतिशत ऑनलाइन उत्तर सरकार के द्वारा भेजे गए। सरकार के 20 विभागों ने अपने शत–प्रतिशत उत्तर ऑनलाइन प्रश्नोत्तर व्यवस्था के माध्यम से दिए। इस सत्र में कुल 88 शून्यकाल की सूचनाएँ स्वीकृत हुईं। इस सत्र में कुल 20 ध्यानाकर्षण सूचनाएँ वक्तव्य हेतु स्वीकृत की गई, जिसमें 7 उत्तरित एवं 1 अपृष्ठ हुए। शेष स्वीकृत लंबित ध्यानाकर्षण सूचनाओं को

जाँच एवं प्रतिवेदन हेतु प्रश्न एवं ध्यानाकर्षण समिति को सुपुर्द किया जाता है। साथ ही कुल 31 निवेदन स्वीकृत हुए।

इस सत्र में विनियोग विधेयक सहित कुल पाँच (5) विधेयक भी पारित हुए, जिनमें से 'झारखंड (भीड़ हिंसा एवं भीड़ लिंचिंग निवारण) विधेयक, 2021', 'पं. रघुनाथ मुर्मू जनजातीय विश्वविद्यालय विधेयक, 2021' प्रमुख हैं। सरकार द्वारा 'झारखंड राज्य आवास बोर्ड (संशोधन) विधेयक, 2019' वापस लिया गया। इसके साथ ही भारत के नियंत्रक महालेखा परीक्षक की झारखंड राज्य के लेखा परीक्षक प्रतिवेदन वित्त लेखे भाग-I, II एवं विनियोग लेखे का प्रतिवेदन उपस्थापित किया गया।

मैं सभा के कार्य-संचालन में सभा सचिवालय के पदाधिकारियों एवं कर्मचारियों, झारखंड सरकार के पदाधिकारियों/कर्मचारियों, प्रेस प्रतिनिधियों, समाचार एजेंसी, प्रेस और इलेक्ट्रॉनिक मीडिया सहित आरक्षी बल के जवानों को धन्यवाद देता हूँ, जिन्होंने लगन, निष्ठा के साथ अपने कर्तव्यों का निर्वहन किया है।

***मैं सभा के कार्य-संचालन में सभा सचिवालय के पदाधिकारियों एवं कर्मचारियों, झारखंड सरकार के पदाधिकारियों/कर्मचारियों, प्रेस प्रतिनिधियों, समाचार एजेंसी, प्रेस और इलेक्ट्रॉनिक मीडिया सहित आरक्षी बल के जवानों को धन्यवाद देता हूँ, जिन्होंने लगन, निष्ठा के साथ अपने कर्तव्यों का निर्वहन किया है।***

माननीय सदस्यगण, संसदीय लोकतंत्र में विधायिका का स्थान अत्यंत ही महत्त्वपूर्ण है। यह पवित्र स्थल अंतिम संप्रभु झारखंड के साढ़े तीन करोड़ लोगों के प्रति पूरी सरकारी मशीनरी को उत्तरदायी एवं संवेदनशील बनाने का सबसे महत्त्वपूर्ण माध्यम है। पूरे वर्ष में सीमित समय के लिए हम यहाँ बैठते हैं और आपके प्रश्नों एवं सूचनाओं के माध्यम से सरकारी व्यवस्था को अपने कर्तव्यों के प्रति संवेदनशील बनाने में अपनी भूमिका निभाते हैं।

माननीय सदस्यगण, पक्ष और विपक्ष सदन में अपनी-अपनी भूमिका निभाते हैं। लोकतंत्र में शासन पक्ष के द्वारा चलाया जाता है, लेकिन विपक्ष को अपनी बात रखने का अधिकार है। वाद-विवाद, विरोध प्रतिरोध लोकतंत्र के अलंकार हैं, परंतु व्यवधान की ऊष्मा से जनहित के मुद्दे दिशाहीन हो जाते हैं।

मैं यहाँ लोकसभा के प्रथम अध्यक्ष मावलंकरजी की बात उद्धृत करना चाहूँगा—

"A Parliamentary Government is described as government by discussion. Every Member has the fullest liberty to express his own views, remembering that every other Member has the same liberty. It becomes necessary, therefore, to exercise restraint on the contents and the extent, as also on the language of the discussion. An atmosphere of sportsmanship, mutual goodwill and respect is an essential condition for the debates being useful, helpful and effective. This, in turn, will mean a disciplined mind, which will respect, not only rules and regulations, but also the innumerable conventions of parliamentary debates, everyone of which cannot obviously be the subject of a rule or regulation. To the extent to which persons holding different points of view, or ideologies exhibit the qualities of tolerance, 'give and take,' and make an effort to understand the differing points of view, to that extent only, the parliamentary Government stands the chance of being successful. It is not so much the laws or the regulations that will bring the desired results as the spirit in which the persons charged with responsibility act towards each other."

***A Parliamentary Government is described as government by discussion. Every Member has the fullest liberty to express his own views, remembering that every other Member has the same liberty.***

माननीय सदस्यगण! आजादी की लड़ाई में लाखों महिलाओं और

पुरुषों के त्याग और बलिदान के बाद हमें आजादी मिली थी और अपने राष्ट्र-निर्माताओं की लगन और मेहनत से हमने इन संस्थाओं का निर्माण किया है। हम सब सौभाग्यशाली हैं कि हमें इन महान् संस्थाओं का अंग बनने का सौभाग्य प्राप्त हुआ है। इसके साथ ही हमारा यह उत्तरदायित्व भी है कि इन संस्थाओं की महान् परंपराओं को हम जीवित रखें और अपने सक्रिय योगदान से इन्हें और प्रभावी बनाएँ। मैं आप सभी माननीय सदस्यों की लोकतांत्रिक प्रक्रिया में आपके उच्चतम विश्वास और भागीदारी के लिए साधुवाद देता हूँ। सदन के पटल पर लाए गए विधेयकों पर आपके द्वारा लाए गए संशोधन और उत्कृष्ट चर्चा, लोकतांत्रिक व्यवस्था में आप सबकी सक्रिय सहभागिता को प्रतिबिंबित करती है।

माननीय सदस्यगण, आप सभी को पुनः मैं धन्यवाद देता हूँ तथा आनेवाले पर्व क्रिसमस, नववर्ष, सोहराय एवं मकर संक्रांति की अग्रिम बधाई देता हूँ।

मुझे आशा ही नहीं, पूर्ण विश्वास है कि झारखंड विधानसभा के आगामी सत्रों में आप सभी माननीय सदस्यगण अपनी सक्रिय और सकारात्मक भागीदारी निभाएँगे और पक्ष एवं विपक्ष दोनों का सहयोग मुझे प्राप्त होगा।

अब सभा की बैठक अनिश्चित काल के लिए स्थगित की जाती है।

धन्यवाद!

□

# पंचम झारखंड विधानसभा का अष्ठम (बजट) सत्र

**( दिनांक : 25 फरवरी, 2022 )**

**अध्यक्षीय प्रारंभिक वक्तव्य**

पंचम झारखंड विधानसभा के अष्ठम बजट सत्र में आप सभी का हार्दिक अभिनंदन!

राष्ट्र-निर्माण के 75 वर्ष पूरे हो चुके हैं और हम अपने गणतंत्र के 73वें वर्ष में प्रवेश कर चुके हैं। हमारा युवा राज्य अपने निर्माण के 22वें वर्ष में पहुँचकर विकास की नई ऊँचाइयों पर चढ़ने को आतुर है। राज्य-निर्माण के लंबे चले आंदोलन के बीच हमने जिन संकल्पों को अंगीकार किया था, यह समय उन संकल्पों को मूर्त रूप प्रदान करने का है। पिछले दो (2) वर्षों के दौरान कोविड महामारी ने पूरी मानवता के अस्तित्व पर गहरा संकट पैदा कर दिया था। हमारी जीवन पद्धति में आमूल-चूल परिवर्तन इस महामारी के कारण आ गए। यह संतोष की बात है कि सरकार की सजगता और टीकाकरण में लाई गई तेजी के कारण यह महामारी तत्काल ढलान की ओर है, ऐसे में जनजीवन एवं आर्थिक गतिविधियों के सामान्य होने की भी संभावनाएँ बढ़ी हैं।

राज्य सरकार के इस तीसरे बजट सत्र में हम सभी के साथ राज्य की साढ़े तीन करोड़ जनता की आकांक्षाएँ जुड़ी हैं। मुझे पूरी उम्मीद है कि इस बजट सत्र के माध्यम से हम राज्य में विकास की गति को और तेज कर

पाएँगे और राज्य की साढ़े तीन करोड़ जनता के जीवन को और खुशहाल बना सकेंगे।

माननीय सदस्यगण! कोरोना महामारी के संभावित पटाक्षेप के बीच अंतरराष्ट्रीय परिदृश्य में रूस और यूक्रेन के बीच गहराते संघर्ष की छाया का विकास की हमारी आकांक्षाओं पर पड़ने की संभावना से भी इनकार नहीं किया जा सकता। ऐसे में अंतरराष्ट्रीय बाजार के प्रभावित होने से लोगों के जनजीवन पर जो प्रभाव संभावित हैं, उसके निराकरण की जिम्मेवारी भी हम सब पर है।

माननीय सदस्यगण! सत्र के सफल संचालन में आपकी सक्रिय भागीदारी आवश्यक ही नहीं, बल्कि अति आवश्यक है, क्योंकि सदनरूपी जीवंत मंच से राज्य की समस्याओं का निराकरण हो पाता है। यह सब सार्थक विचार-विमर्श और संसदीय मर्यादाओं और परंपराओं के पालन से ही संभव हो पाएगा।

***कोरोना महामारी के संभावित पटाक्षेप के बीच अंतरराष्ट्रीय परिदृश्य में रूस और यूक्रेन के बीच गहराते संघर्ष की छाया का विकास की हमारी आकांक्षाओं पर पड़ने की संभावना से भी इनकार नहीं किया जा सकता।***

माननीय सदस्यगण, सदन में सत्ता और विपक्ष की अपनी-अपनी सार्थक भूमिका है, जो प्रजातंत्ररूपी सरिता में निरंतर प्रवाहमान रहते हैं। सदन में जनप्रतिनिधि होने के नाते सभी मिलकर राज्य के विषय में चिंतन-मंथन करते हैं। सदन प्रजातंत्र का आधार-स्तंभ है, जिसके द्वारा जनता विधानसभा में होनेवाली काररवाइयों के माध्यम से सदन में अपने द्वारा चुने गए जनप्रतिनिधियों के आचरण और काररवाई में भागीदारी का आकलन करती है। हम सभी का यह दायित्व है कि अपने आचरण और व्यवहार को मर्यादित रूप में प्रस्तुत कर सदन के समय का सदुपयोग करने में अपनी सार्थक भूमिका निभाएँ, जिससे जनोपयोगी जनसरोकार से संबंधित विभिन्न प्रश्नों को उठाने का अवसर

मिल सके। मुझे पूर्ण विश्वास है, आप सभी का सकारात्मक सहयोग राज्य हित में निश्चित रूप से प्राप्त होगा।

माननीय सदस्यगण, विधानसभा के इस बजट सत्र में कुल 17 बैठकें निर्धारित हैं, जिसमें सरकार द्वारा वित्तीय वर्ष 2021–22 के तृतीय अनुपूरक व्यय विवरणी तथा वित्तीय वर्ष 2022–23 का आय-व्ययक का उपस्थापन किया जाएगा। आप सभी माननीय सदस्यों को सदन में उपस्थापित होनेवाले बजट की अनुदान माँगों पर कटौती प्रस्ताव के माध्यम से सरकार की योजनाओं की समीक्षा एवं राज्यपाल के अभिभाषण पर धन्यवाद प्रस्ताव पर चर्चा के दौरान सार्थक बहस के अवसर प्राप्त होंगे। बजट प्रस्ताव, अनुदान की माँगों और कटौती प्रस्ताव पर चर्चा के दौरान माननीय सदस्यों के कई जनोपयोगी और सार्थक सुझाव आते हैं, जिसे आनेवाले वित्तीय वर्ष के बजट या चालू वित्तीय वर्ष के अनुपूरक बजट में समाविष्ट किया जा सकता है।

माननीय सदस्यगण, इस सत्र में माननीय राज्यपाल महोदय अपने संवैधानिक दायित्वों को पूरा करने के निमित्त आप सभी को संबोधित करेंगे। सदियों से स्थापित संसदीय परंपरा के अनुसार सभा में 'माननीय राज्यपाल के अभिभाषण' को अत्यंत गरिमा और प्रतिष्ठा का अवसर माना जाता है। इस अवसर की पवित्रता और महत्ता को देखते हुए सभा के माननीय सदस्यों से अनुशासन एवं शालीनता के सिद्धांतों का अनुपालन करते हुए सभा में व्यवस्था बनाए रखने की अपेक्षा की जाती है।

□□□